浦睿文化　出品

尤里卡文库

The Conquest of Happiness

Bertrand Russell

幸福之路

[英] 伯特兰·罗素　著

易思婷　译

湖南人民出版社

目录

序 1

不幸福的成因 001

走出自我陷溺的怪圈 003

拜伦式不幸 014

拼命工作，直到永远失去快乐 032

无聊与刺激 043

现代人的精神疲劳 054

人为什么容易嫉妒？ 066

用理性检视我们的罪恶感 078

被迫害妄想 092

与环境格格不入的人 106

幸福的成因　119

幸福离我们并不遥远　121

用兴致充实自己的灵魂　134

勇敢去爱，真诚去爱　150

为人父母的快乐　161

什么样的工作会让人快乐？　179

大开心灵之窗，拓展闲暇兴趣　190

努力奋进还是听天由命？　200

幸福的人　211

序

　　本书并非写给饱学之士，或是把实际问题仅当作谈资的人。书里没有深奥的哲学，也没有难解的学问。我只是想把一些再平常不过的道理统整起来。在书中提供给读者的快乐处方，我都以亲身的经验和观察验证过，每当我依着这些处方生活，这些处方的确给我带来了不少快乐。因此希望因为不快乐而受苦的人们，可以借此自我诊断，并且得到治疗的方法。我相信只要依据目标明确的步骤，许多不快乐的人都可以变得快乐，这个信念也是我撰写此书的动力。

　　　　我认为我可以转身和动物一块儿过活，它们淡泊、
　　　　　自给自足
　　　　我立着身子，久久地注视它们
　　　　它们对自己的境况不感到焦虑，也没有抱怨

它们不会在黑夜里失眠，为犯下的罪而哭泣

它们不会讨论对上帝的职责而让我头昏脑涨

没有人不满足，没有人为了物质占有而癫狂

没有人朝他人跪拜，也不会对千年前的祖先而屈膝

在整个地球上，没有人值得崇敬，也没有人感到

　不快乐

　　　　　　　　　　　　　　　　——惠特曼

不幸福的成因

走出自我陷溺的怪圈

▌ 自我陷溺的人有很多种，自罪、自恋以及自大是最常见的三种。

　　动物只要健康、有食物吃就很满足，人类也该如此，但在现代社会里却不是这样，至少大部分的人都不幸福。如果你不幸福，你大概会对我这个说法颔首同意；如果你幸福，扪心自问你有多少个朋友也是幸福的。当你审视你的朋友时，请仔细观察他们流露出的真实情绪。

　　诗人布莱克曾说：

　　　　我见着的每张脸都有一种印记：
　　　　虚弱的印记，忧伤的印记。

　　也许不幸福的形式多种多样，但是你不难发现，它无所不在。假设你住在最典型的现代大都会——纽约，试着在上班时间站在忙碌的街头，在周末的时候驻足于某主要街道，或是在晚上参加一场舞会。放开你的自我，放空你的心灵，让陌生人的性情一个接一个地进驻你的心头，你会发现不同时空的这些人群，有着各自的问题。在上班族群里，你看到焦虑、紧张、消化不良、挣扎、兴趣淡漠，以及对周遭人和事物的视而不见。在周末的主要街道上，你可以看到生活优渥的男男女女正在追逐享乐。这些人看不见车子前进的路，也看不到两旁的景色，因为一分心即有可能造成意外。车上所有的人只关心怎么超越前一辆车，却因为拥堵而无能为力。也许有些人可以把注意力从超车上转移开来，但很快就因为过分无聊而面露难色。此时若有一车的有色人种开心地享受时光，他们的"特殊"行为便会引起旁人的侧目，到最后由于交通事故而被警察拦下来：享受假日是非法的。

再来，好好观察夜晚的人群，这些人脸上带着寻找快乐的坚决，好比决心看牙医时，提醒自己要泰然处之，义无反顾。酒精和亲热被视为取乐的途径，所以人们很快就喝醉了，还刻意忽视伴侣对他们的嫌恶。喝多了酒的男人开始哭泣，痛感自己在道德上不配得到母亲对他们的全心奉献。酒精释放了平时被理性控制的罪恶感。

种种不幸福的成因，一部分要归咎于社会制度，一部分则得归咎于个人心理——当然，你可以说个人心理是社会制度的产物。我曾经写过该如何改变社会制度来增进幸福，比方说消除战争，消除经济剥削，消除残忍和恐惧的教育，但这些并不是此书的主旨。诚然，对于文明发展来说，找到一个能够规避战争的社会制度是极为必要的，但当人们非常不快乐，甚至觉得过日子比互相消灭更苦闷时，就算有这样的制度也没法实现。

如果机器生产可以让需要的人获利，那么永久地消除贫困就是必要的。而如果富人都很痛苦，那么让每个人富起来又有什么意义？残酷和恐惧的教育是不好的，但是如果人们只懂得残酷和恐惧，你又可以为他们提供怎样的教育呢？这些讨论让我们回归个人问题：此时此地身处怀旧氛围中的男男女女，该怎么做才能获得幸福呢？讨论这个问题时，我们得限定范围，那些身受外来悲惨遭遇的人不在讨论之列。假设我们讨论的这些人至少衣食无忧，有栖身之所，有可以从事一般活动的健康身体。我并不考虑那些有极大创痛的人，比如经历丧子之痛或是声名扫地的人。当然我们也可以针对那些有创痛的人进行讨论，而且这样的讨论也很重要，但它和本书要讨论的，隶属不同层次。

我的目的是给那些在文明社会的日常生活中找不到幸

福的人一些指引，这种不幸福没有显著的外在成因，但让人感到难以忍受、无路可逃。我相信，大部分的不幸福之产生，是因为错误的世界观、伦理观或是生活习惯破坏了人们对事物与生俱来的热情和兴致，而这些事物正是人类和动物赖以得到幸福的泉源。以上问题都可在个人能力范围内解决，此书提供可行的建议，让普罗大众得以获得幸福。

对我要推广的哲学的最好介绍，也许是我的自我介绍：我并非生来就快乐。幼时，我最喜欢的圣诗如此说道："对这世界了无眷恋，我扛着罪恶的枷锁。"五岁时，我想，如果我可以活到七十岁，那么截至目前，我只走了此生的十四分之一。对于眼前漫长无趣的人生路，我几乎无法再承受下去。青少年时，我恨极生命，经常在自杀的念头上徘徊，要不是想要多学些数学的念头阻挡着，我早就轻生了。

现在的我，恰恰相反，非常享受人生，而且一年比一年更享受。一方面是因为我发现什么是我最想要的，而逐渐在该方向上有所收获；另一方面，则是我成功地放弃了某些想要的——比如说获取不容置疑的知识，这基本上是不可能的。但最主要的原因，还是我减少了对自我的陷溺。

就像所有受过清教徒教育的人一样，我有对自身的罪恶、愚蠢、短处反复反省的习惯。我认为自己——这观点无疑公正——是个悲惨的人。逐渐地，我学着对自我和自我的不足不以为意，把注意力转移到外界：世界的现况、多样的知识、我喜欢的人等等。的确，对外在的兴趣，可能带给我不同的痛苦：世界陷入战火、知识难以获得、朋友逝去。但是这些痛苦不像自我嫌恶，会摧毁基本的生活质量；对外在的兴趣会促进行动，只要这种兴趣还在，就完全可以防止无聊造成的空虚。相反，对自我的兴趣无法启发任何积极的行动。它也许会培养你写日记的习惯，对自我心理的解析，或让你遁入空门。但一个修行的人是无法得到快乐的，除非修行过程中他终于忘记自己的心灵；但他也可以做个清道夫，那么他想从宗教中得到的快乐，也可以从日复一日的工作中得到。对那些陷溺自我太深的不幸的人来说，外在的约束是他们得到快乐的唯一途径。

自我陷溺的人有很多种，自罪、自恋以及自大是最常见的三种。

当我说自罪者，我并不是指那些犯罪的人。是否有罪取决于我们对罪的定义，也许每个人都有罪，也或许没人犯罪。自罪者老想着自己有罪，总是在自我否定。如果他信教，那么他就认为是神在否定他。在他心中，有个他应该成为的完美形象，而这个形象和他真实呈现出来的自我冲突不断。在他的意识里，他也许早已丢弃幼时在母亲膝下所学到的人生准则，但那份罪恶感可能深埋在他的潜意识中，在他酒醉或是睡觉时冒出来。即便如此，也足够让生命无味。在内心深处，他仍然接受所有幼时所受的禁令准则。诅咒是邪恶的，喝酒是邪恶的，小聪明是邪恶的，推到极端处，性是邪恶的。他当然不会刻意限制自己享受这些行为带来的快乐，但是，这些行为让他觉得他降低了自己的人格，因此所有的快乐都变味了。他全副身心最想要的快乐，就是能像小时候一样，被母亲温柔地认可。如果他再也得不到这种感觉，对他来说就什么也不重要了：因此他必须认定自己有罪，非常深重的罪。当他恋爱时，他希望得到母性的温柔，但是他不能接受这种温柔，因为和他有性行为的女性，不可能拥有他心目中的母亲形象。失望之余，他变得残忍，随即忏悔他的残忍，然后幻想自己有罪和真正的忏悔这一悲惨的循环就开始了。这就是很多刚烈自罪者的心理状态。对无法得到的事物的追求（母亲或是母亲的替代品），以及早期被持续灌输的荒谬道德观，让他们走上迷途。对于这些受害于母性"美德"的人来说，甩开早期信仰和对亲密的向往的暴虐纠缠，是得到快乐的第一步。

自恋，可说是习惯性罪恶感的对立面。它的元素包含自怜自爱的习惯，进而要求他人的仰慕。自恋的程度如果不过分，便是正常的，不需要改正。但是如果过分，则可成为严重的恶。很多女性，尤其是富有的社会女性，对爱的感觉已然枯竭，取而代之的是希望所有的男性都仰慕自己的强大欲望。这样的女性如果确定某个男性爱上她，这个男人对她也就一无用处了。这样的情况也会发生在男性身上，不过比较少些。最有名的例子是《危险关系》中的"英雄"，当虚荣被提升到这样的高度，那么他对任何人都不会有真心的兴趣，也不可能从爱中得到真实的满足。而对爱之外的东西的兴趣更是未带来任何收获。

一个自恋者，也许因为社会上对伟大画家的赞誉而选择成为一个艺术学生，但是画画只是他完成最终目的的工具，其中的技巧对他来说一点意义都没有，除了和他自我有关的作画主题，他对其他的主题都不屑一顾。结果当然是失败和失望，只得到了讥讽而不是预期的盛名。那些老把自己描述成英雄的小说家也承受同样的后果。要在工作上得到货真价实的成功，必须对工作相关的事物拥有真心的兴趣。成功政治家的悲剧，肇始于他们不再关心社群和以往坚持的理念而逐渐自恋。一个只关心自己的人得不到他人的喜爱，认为全世界都该爱慕他的人不太可能成就事业。就算他成功了，他也不会获得完整的快乐，因为人性绝不可能百分之百地以自我为中心，而自恋者对自我的局限，和那些自罪者没什么两样。原始人可能对自己的狩猎技巧感到自傲，但同时他也享受追逐猎物。虚荣，当超过某种程度，会把所有活动的乐趣都消灭殆尽，最终无可避免地归零。自恋的一个经常性成因是自卑，治愈自恋的方式是培养对自我的尊重，而自尊只有通过成功地完成由外在兴趣启发的活动才能得到。

自大者和自恋者的不同之处在于前者追求权力，后者追求魅力，前者要人害怕，后者要人爱慕。很多疯子和历史上的伟人都属于这两类。爱权和爱名都是很正常的人性，只有在这种爱超过一定程度或是名不副实的时候，才值得非议，造成人的不快乐和愚蠢。认为自己是国王的疯子可能很快乐，但恐怕没有一个正常人会欣羡这种快乐。亚历山大大帝在心理上和疯子没什么两样，只是他拥有完成疯子大梦的才干。然而当他的成就已然非凡，他的梦想便不能再放大。当他成为有史以来最伟大的征服者，他认为自己是神，可是他快乐吗？他的嗜酒如命、凶残的脾气、兴趣的缺失、对神格的宣示，一再证明他并不快乐。牺牲所有人以成就一个人的某种欲望，或是将天下所有的资源都视为为了实现伟大的自我而存在，都不可能达到最终的满足。很多时候，自大狂，不管其疯狂的程度为何，皆是过分屈辱的产物。

拿破仑在学校时只是个靠奖学金度日的穷学生，在拿自己和贵族同学比较之后，他深感自卑。当他允许流亡者返回祖国时，看到以往的同学对他鞠躬作揖，他感到无比的满足。这是多么令人快乐的情景！但他还想要从沙皇那儿得到同样的满足，却换得被流放到圣赫勒拿岛的待遇。一个热爱权力的人不能忍受失败，但由于没有一个人是全能的，他迟早会遇到无法克服的困境。只有某种形式的精神错乱侵犯了意识才会让人对这点视而不见；如果这个人有权力，他便可以囚禁或是处决对他讲真话的人。政治迫害和心理迫害是肩并肩的，当心理迫害的迹象出现，真诚的快乐便不可能出现。有节制的权力可以增加快乐，但把追求权力作为生活的唯一目的会造成灾难，或许是外部世界的灾难，也或许是内心世界的灾难。

造成不快乐的心理因素显然有很多种，但它们拥有一个共通点：一个人若在年轻时被剥夺某种正常的满足，就会成为典型的不快乐的人，开始重视此种满足远远超过他种满足，一味地追求该种满足，从事的所有活动都围绕于得到该种满足。然而，当今有一种现象发展得更为普遍：当一个人感到完全的挫败，他会放弃寻求任何形式的满足，只想办法转移注意力或是设法遗忘，进而成为"快乐"的献身者，也就是说，借着少活在当下而让生命变得可以忍受。举例来说，酗酒，就是一种暂时性自杀，它带来的快乐是负面的，对不快乐的停息是暂时的。自恋狂和自大狂认为快乐是可能的，却使用错误的方式来得到它。那些醉汉完全放弃希望，只寻求遗忘。要帮助这些人，首先必须说服他们，快乐是值得追求的。不快乐的人就像睡不好的人，总是自傲于自己的缺失。或许他们的自傲就像狐狸失去尾巴时的感受。若真如此，治愈他们的方式就是告诉他们，新的尾巴是可以再生的。

我相信，如果看到了通往快乐的道路，很少人会故意选择不快乐。我不否认真有这样的人，可是这样的人少到可以忽略。我假设读者是宁愿快乐的，而不是愿意不快乐的。我不知道我是否能够帮助读者了解这一点，无论如何，尝试是不会造成伤害的。

我相信，大部分的不幸福之产生，是因为错误的世界观、伦理观或是生活习惯破坏了人们对事物与生俱来的热情和兴致，而这些事物正是人类和动物赖以得到幸福的泉源。

对外在的兴趣会促进行动，只要这种兴趣还在，就完全可以防止无聊造成的空虚。相反，对自我的兴趣无法启发任何积极的行动。

自恋的一个经常性成因是自卑，治愈自恋的方式是培养对自我的尊重，而自尊只有通过成功地完成由外在兴趣启发的活动才能得到。

一个人若在年轻时被剥夺某种正常的满足，就会成为典型的不快乐的人，开始重视此种满足远远超过他种满足。

拜伦式不幸

▌ 我不认为不快乐里有什么超人一等的理性。

　　就好像在历史上数个阶段曾经发生过的一样，现代也有这种常见的观念：智者已然看透过往时代的激情，生命里再也没有什么值得追求了。有这样观念的人，通常不快乐，但是他们相当自豪于自己的不快乐，认为那是宇宙的真理，是一个彻悟的人该有的理性态度。这种对不快乐的自傲，让其他人怀疑它的真实度，如果能够这么享受悲惨，那么悲惨也应该没那么悲惨了。这样的想法显然过于浅薄，当然，感觉自我的见识超人一等，能得到某种补偿的情绪，但这种情绪绝不足以取代简单的快乐。

　　我不认为不快乐里有什么超人一等的理性。在环境允许下，理性的人可以快乐，如果他真发现沉思于宇宙议题太痛苦，那就找别的议题来沉思。这就是我在这一章想要证明的想法，我想要说服读者，不管他人提出来的论点为何，理性是无法阻挠快乐的。我深信那些真为其宇宙观伤悲的人是本末倒置：他们因为一些不明的原因不快乐，却将此归罪于所处世界的不完美。

在这一章我要挑战的观点，就是现代美国社会中，约瑟夫·伍德·克鲁齐的著作《现代的脾性》阐述的观念，也是拜伦和《旧约圣经》里《传道书》讨论的观点。克鲁齐先生说："我们的事业注定是失败的事业，这个宇宙中没有我们生存的位置，但是，我们不以身为人类为憾。我们宁愿以人类的身份而死，也不愿以动物的身份而生。"拜伦说："当早期思想的光辉在感觉的全面消褪中流逝，这世界带走的欢乐远比给予的多。"《传道书》里写道："因此我赞美那些已死的死者，比那些未生的生者还多。是啊，比这两者更幸运的，是那些从未存在、从未见过阳光底下的罪恶的人。"

这三个悲观者在审视生命的乐趣之后，得到这些阴暗的结论。克鲁齐先生是纽约知识分子圈内的一员。拜伦曾经横渡达达尼尔海峡且有许多风流韵事。《传道书》作者的生活更是多彩多姿：他品酒，玩音乐，也尝试许多"诸如此类"的事。他建造水池，坐拥众多仆人。即使在这样的环境里，智慧也没有离他远去。可是他视一切为虚空，智慧也是虚空。

我献上我的心，去了解智慧、狂妄和愚蠢：但这只让精神苦恼。

愈多的智慧中有愈多的悲恸，得到更多的知识就是得到更多的悲伤。

他的智慧似乎困扰着他，他想摆脱智慧却无法成功：

我在心里说，来吧，我以喜乐试试你，你好享福。谁知道，这也是虚空。

但他的智慧似乎还是缠扰着他：

我在心里说，愚人所遇见的，我也必遇见。那为什么我该较有智慧？于是我心里又说，这也只是虚空。

因此，我恨生命。日光下所行之事都是悲苦的：所有的事都是虚空，是精神的苦恼。

幸好，现在的人已经不太读年代久远的书籍了，因为如果他们真的读了，他们会认定任何关于水池的描述都是空虚的，新书自然也是空虚的。如果我们可以证明《传道书》不是明智者的唯一选择，我们就可以舍弃它。要证明这一点，首先，我们必须分辨感觉和知性表述。你没有办法和感觉争辩，感觉会因为某件幸事或者生理状况而改变，但没有办法经由说服而改变。我常有一切都是虚空的感觉，要从中挣脱出来，靠的不是哲学方法，而是必要的行动。如果你的小孩病了，你也许感到不快乐，但你不会认为一切都是虚空。不管你认不认为人类的生命有其终极价值，你都会即刻想办法让孩子恢复健康。一个富人，也许常常认为生命空虚，但如果他失去所有的财富，下一餐到来时他铁定不空虚。空虚是因为生命的基本需要太容易取得而产生的一种感觉，人类和所有动物一样，都需要为生活而努力，某些极富裕者，可轻而易举地满足他们所有的欲望，任何事都不需费吹灰之力就可完成，却也因此失去了基本的快乐。那些想要什么就能得到的人，当然不会认为努力达成愿望可以带来快乐。一个拥有一切的人，居然不快乐？如果这个人有哲学素养，那么他一定会认为，人类的生命基本上是可怜的。他忘记了，欠缺某些想要的东西，是快乐的必要条件。

在《传道书》里有很多情绪，然而也有很多知性论点。

　　所有的河流都流入海里，海却填不满。

　　太阳底下没有新鲜事。

　　没有人记得过去的事。

　　我恨我在日光下的劳动，因为所有成果皆需留给后人。

如果我们以现代哲学家的方式来阐述以上论点，那大概是如此：人永远劳动，物永远运动，但是没有一切是永恒的，即使后来的事物和前者并没有两样。人死后，他的后代收割他的劳动成果；江河进入大海，但江河的水并不能在大海停留。日复一日，年复一年，在无止境的无用循环里，人和物生长、死亡，没有进步，也没有永恒的累积进展。那些江河，如果聪明的话，就该留在原处。所罗门，如果聪明的话，就不该种果树让儿子们得以享受果实。

但换个心情来看，所有事情都不一样了。太阳底下没有新鲜事？看看高楼大厦、飞机、政治家透过广播发表的公开演说。所罗门知道这些事吗？如果能够听到示巴女王在返回领地之后对其子民的演说，在无用的果树和水池间的他不就能获得抚慰了？如果有个新闻剪辑单位能够告诉他，报纸上是怎么形容他的建筑的壮丽、房舍的舒适，以及和他争辩的敌对智者的狼狈，他还会说太阳底下没有新鲜事吗？这些事也许无法彻底治愈他的悲观，但是也会给他新的看法。的确，克鲁齐先生对这时代的抱怨之一，就是太阳底下有太多新鲜事了。如果新事物的出现和缺席都会困扰人，又怎能相信其中之一是绝望的真正成因呢？

再来拿以下的论点做讨论："所有的河流都流入海里，海却填不满；河流从哪儿来，又要回到哪儿去。"在悲观的论点上看，这是在假设旅行是不愉快的。夏季时，人们去疗养胜地，最后又回到来处，但这并不代表夏日去疗养胜地是无用的。水如果有感觉，大概也会享受这冒险的循环，就好像雪莱的诗《云》描写的一样。

关于将所有东西都遗留给后代的痛苦这一论调，我们必须从两种观点来看：从后代的眼光来看，这并不会造成任何灾难或损失。"把所有东西留传后世"这件事本身并非是悲观的。如果接下来的成果更坏了，也许该悲观，但如果更好了，那不是有理由乐观吗？如果像所罗门认为的，接下来的成果和原先一模一样，那么这整个过程真的是徒劳无功的吗？除非整个过程都是痛苦的，要不然可不能这么说。抱持着结果论，认为现在的一切努力，其价值取决于未来的成果，这种想法是不对的。除非每个部分都有其价值，要不然最终的整合也不会有价值。生命并不是一出主角经历千辛万苦最后得到快乐结局作为补偿的戏剧。我活着我的人生，我的儿子在我之后有着他的人生，而在他之后，他的儿子也有他的人生。这里头真的有什么是悲剧的吗？恰恰相反，如果我长生不死，那么生活中的乐趣也会逐渐失去味道。像现在这样代代相继，它们则终年长青。

> 我在火堆前温暖着我的双手；
> 火熄灭了，我也准备离开。

这样的态度和对死亡愤慨的态度一样合理。如果可以理性地决定情绪，那么快乐和难过都有一样多的理性成因。

《传道书》是悲剧。克鲁齐先生的《现代的脾性》可怜兮兮。基本上，克鲁齐先生因为中世纪的秩序以及某些现代秩序的瓦解而伤心。他说："在现今被旧世界的鬼魂吓着，却还未找到自己定位的不快乐时代，这样的困顿，并不是一个彷徨少年找不到人生方向的困境可以比拟。"这样的论述倒适用于某些知识分子，这些人受了文学教育，不知道现代世界的模样，在青少年时期被教导要将信仰建立于情感之上，因此无法将自我和婴幼儿期所需要的安全和保护剥离，而这些需求是科学社会无法满足的。克鲁齐先生和其他的文人一样，执拗地认为科学尚未实现其许下的承诺。他当然没有告诉我们究竟是哪些承诺没被实现，但他似乎认为，六十年前达尔文和赫胥黎对科学的期望至今仍未实现。我认为，这都是那些不希望自己的特长遭到轻视的作家和神职人员所编造出来的妄想。

现在这个时代的确有很多悲观者，当人们的所得下降时，总是会产生许多悲观者。但是克鲁齐先生是美国人，美国人的所得在战后基本上是增加的，欧陆知识分子的收入却在战后锐减。战争带给社会不稳定感，这样的社会变因大大地影响了该年代的氛围，却不大能影响世界的本质。

很少有比十三世纪更惨的时代了，但是克鲁齐先生对之觉得遗憾的信念，除了国王和一些意大利贵族以外，普遍为大众所认可。罗杰·培根这么说道："我们所处的时代比以往受到更多罪恶的支配，而罪恶和智慧是绝不相容的。看看这世界，这样的情况俯拾皆是：自上层开始，无止境的腐败……淫乱让整个宫廷声名败坏，贪欲成了主宰……如果上层如此，下面的成员呢？看看那些主教：看看他们怎么追逐钱财，忘记该治愈灵魂……让我们想想宗教团体：无一例外。看看它们是怎么一个接着一个从正确的立足点堕落的；而新成立的团体（方济各会）也早就丧失最初的尊严。神职界变得傲慢、淫荡、贪婪：每当神职人士聚集在一起，无论是在巴黎还是牛津，他们之间的斗争、争吵和其他的罪恶让所有的凡人侧目……没有人关心做了什么，或是使用了什么手段，只要贪欲被满足了就好。"在谈论古代的异教圣贤时，他说："他们的生活比我们好太多了，不论是在文明礼仪还是在对俗世的鄙视上，都享有愉悦、富足和尊荣；大家可以在亚里士多德、塞内加、塔利、阿维森纳、法拉比、柏拉图、苏格拉底等人的作品中找到证明。因此，他们获得了智慧的秘密并发现了所有知识。"培根的意见和他所处的文学界的意见一致，他们当中没有一个人喜欢自己所处的时代。我不相信这悲观主义有任何形而上的成因，其成因只是战争、贫穷和暴乱。

讨论爱的章节是克鲁齐先生作品中最负面的地方，维多利亚时代的人似乎把爱想得极为崇高，但现代人可把它看穿了。"维多利亚时代的怀疑派认为，爱执行他们已失去的神的一部分功能。面对爱，就算头脑最冷静的人也暂时转变了态度，即将爱看作是神秘的东西。他们发现自己置身于某种东西面前，这种东西唤起了他们内心的敬畏之感，且是其他东西所无法比拟的，甚至在内心深处，他们也感觉到忠诚是必要的。对他们来说，爱和神一样，要求牺牲。爱也像神一般，会赐予信奉者某种其还未能分析的意义，作为给他们的奖赏。我们——比起他们——已经习惯一个无神的宇宙，但是我们还未习惯一个无爱的宇宙，只有也习惯了后者，我们才会了解无神论的真正意义。"

极有意思的是，我们时代的年轻人对维多利亚时代和身处于该时代的人对该时代，有非常不同的看法。我记得两名我年轻时很熟悉的老太太，各是该时代不同特点的代表人物：一个是清教徒，一个是伏尔泰的信徒。前者抱怨太多诗歌处理爱这个主题，她坚持，爱是个无趣的主题。后者则说道："没有人能对我有所非议，但我总觉得破坏第七戒没有比破坏第六戒更糟糕，因为它至少需要对方同意。"这两个人的看法都不像克鲁齐先生所描述的典型维多利亚时代的人的看法。很显然，他是从某些和时代不合拍的作家身上得到的结论。我想，最佳的例子为罗伯特·布朗宁。然而，我发自内心地认为，他设想的爱实在很乏味。

> 感谢上帝，他最差劲的造物，
>
> 自豪于两副嘴脸，一副来面对世界，
>
> 一副来展示给他爱的女人。

这假设了对待世界唯一的态度是斗争。为什么？因为布朗宁会说，世界是残酷的；而我们会说，因为世界不会如你所想的那般接受你。布朗宁建议，一对夫妇建构起互相爱慕的社会。若有个人总是称赞你的作品，不管其究竟是好是坏，这的确很令人开心。当布朗宁痛斥菲茨杰拉德胆敢不喜欢《奥罗拉·李》的时候，他一定觉得自己是个很好、很有男子气概的人。我不觉得把两方的批评能力都搁起的方式有什么值得恭维的。这是害怕被公正批评的冷冽伤到，希望总能有个避难所。很多年老的单身汉，守在他们的火炉旁，期望能得到一样的温暖。

根据克鲁齐先生的标准，我生活在维多利亚时代太久，不能算是个现代人。我并没有失去对爱的信仰，但我相信的爱绝非维多利亚式的爱。爱有冒险性，令人开眼界，它能让人学到好多，却不至于让人忘记邪恶，更不会假装神圣无邪。令人期盼的爱之所以会有那些特质，是由于对性的忌讳。维多利亚时代的人深信性是邪恶的，因此那些可允许的性被附加了许多夸张的形容词。旧时对性的饥渴比现代更甚，无怪乎人们，尤其是那些修道者夸大了性的重要。

我们正处于疑惑的年代，很多旧标准被抛弃了，新标准却尚未建立，这引出很多问题。当众人的潜意识仍信奉旧标准的时候，问题的出现往往造成绝望、悔恨和愤世嫉俗。我认为遭遇这样的情况的人并不多，只是这些人往往是发声机会最多的人。我相信如果对我们时代和维多利亚时代生活在小康水平的年轻人做抽样比较，会发现现在的人从爱中得到更多快乐，也更真诚地相信爱的价值。有些人之所以愤世嫉俗，是因为他们潜意识里还被旧世界的理想支配，还因为他们认为没有理性的伦理观规范现代人的行为。治愈的方式不是哀悼或怀念过去，而是勇敢地接受现代的前景，以及下定决心将所有早该舍弃的迷信彻底根除。

要简洁地阐述为什么人重视爱并不容易，但我愿意试试看。我们重视爱的第一原因，是爱本身就是幸福的源泉，这虽不是最重要的原因，却是其他原因的基础。

喔，爱，他们误解了你。

他们说甜蜜是苦涩，

但当果实是这样丰硕，

竟找不到更甜蜜的物事。

这数行诗的作者，并非在找寻无神论的解答，更不是在寻觅宇宙的关键，他只是自得其乐。爱不仅是快乐的源泉，它的消失也是痛苦的来源。爱之所以被歌咏，还因为它可以增进所有最好的欢乐，像是音乐、山里的日出以及满月下的海洋带来的快乐。一个从来没在心爱的女人陪伴下欣赏这些美好事物的男人，无法体会这些美好事物可以给他的最大价值。再者，爱可以打破自我的坚硬外壳，因为爱是生物的合作模式，是实现彼此的本能目标所必需的一种情感。

历史上的不同时代，产生过不同形式的独身主义哲学，有些非常神圣，有些却不然。斯多葛学派和早期的基督徒相信，人光靠自己的力量，不靠他人的协助，就有能力了解什么是人类生命能够完成的最大的善。有的学派认为生活的目的是权力，有的则认为是个人的欢乐。总之，所有这些都是独身主义哲学，只要他们认为善能由独立的个体实现，而不须经由社会上的一大群或是一小群人。我个人认为，这样的观点是错误的，不仅在伦理上是错的，在人的天性上也是不对的。人仰赖合作，合作是自然赋予人的天性，尽管这种天性从某种程度上来说并不充分，但有了这种本能的装配，合作所需要的友好关系才得以产生。爱是导致合作的第一种也是最常见的情感形式，而那些曾经经历过爱的人，不管其程度为何，皆不会认为最高的善和他们所爱的人无关。这样说来，父母之爱更是强大，但父母之爱的极致是他们之间的爱的产物。我不想假装爱的最高形式是很普遍的，但我坚持我的论点，即只有在爱的最高形式中，爱才可以揭露其在他种情况下无法触及的价值，一种怀疑论者无法触及的价值，虽然怀疑论者可能还是把无法得到爱归咎于他们的怀疑主义。

> 真爱是永恒的火焰，
> 在心中持续地燃烧，
> 从不生病，从不死亡，从不冷却，
> 从不转向。

接下来我要谈谈克鲁齐先生对悲剧的看法。这部分我同意他的论点，他说易卜生的《群鬼》不如莎士比亚的

《李尔王》。"就算更强大的表达能力，或是对文字更厉害的运用天才，都没有办法把易卜生变成莎士比亚。后者写作所使用的材料——他对人类尊严的概念，他对人类热情的重要感知，他对人类生命可以企及范围的见识——是易卜生没有的，因为它们不存在于易卜生所处的时代中。神、人和自然都在世纪之间因某些原因缩小了其幅度，并不是因为现代艺术的现实教条引领我们找出平庸的人，而是因为在发展可以合理化我们识见的现实艺术理论的过程中，人类生命的平庸被推到眼前。"

无疑，老式的王公贵族及其那类忧伤的悲剧，已经不适于我们的年代，而当我们用一样的方式来形容平凡人的哀伤，效果也不一样了。这不是因为我们对未来的期盼变坏了，恰恰相反，这只是因为我们不再认为某些人很伟大，享有悲剧性的权利，而其他人只能苦哈哈地劳动，供给那些少数的尊贵阶级。莎士比亚说：

当乞丐死去，彗星不会划过天际；
上天只为王子的死亡发出光芒。

在莎士比亚时代，这样的想法也许不是人人皆信，但至少反映了当时普遍的价值观，也是莎士比亚深信不疑的。因此诗人辛纳之死是喜剧的，恺撒、布鲁特斯和卡修斯的死是悲剧的。对我们来说，某个人的死亡已不可能再给我们天崩地裂的感觉，因为社会已变得民主，不管是在外在的形式上，还是内心深处的认定上。因此，现代的伟大悲剧不能只和某人相关，而必须与整个社群相关。

举例来说，恩斯特·托勒尔的著作《群众与人》，与以往最伟大时代的最好作品不相上下。它立场高贵，深刻真实，谈论英雄式的行为，并且就像亚里士多德说的，悲剧应该"通过怜悯和恐惧洗涤读者"。像这样的现代悲剧非常少，因为旧技巧和旧传统必须被废弃，但又不能仅用普通的今日教育去代替。要感受悲剧，人必须要了解他所处的世界，不仅仅是用心灵去感受，还要用生命和激情去感受。克鲁齐先生在他的书中几次谈到绝望，读者可被他英雄式地接受世界的苍凉感动，但是他之所以感到苍凉，是因为他和他的文学朋友还没学习到如何用旧情绪来回应新刺激。刺激是存在的，只是不存在于文学圈子。文学圈子和社会严重脱节，要想让悲剧取得严肃、深刻的情感，就必须让文学圈子里的人去接触社会。对于那些溺于情感，认为世界上没有值得做的事情的年轻人，我的忠告是，别尝试写作了，而是真正走入这个世界；做海盗、做婆罗洲的国王、做苏联的劳工；找件可以让基本生理需求用光你的能量的事情做。我并不建议每个人都这么做，而那些有着和克鲁齐先生相似疾病的人是可以这么做的。我相信，过了几年这样的日子，这些人必定再也无法抑制写作的欲望，而那时，写作对他来说就不再是一件空虚的事了。

我们必须分辨感觉和知性表述。你没有办法和感觉争辩，感觉会因为某件幸事或者生理状况而改变，但没有办法经由说服而改变。

欠缺某些想要的东西，是快乐的必要条件。

有些人之所以愤世嫉俗，是因为他们潜意识里还被旧世界的理想支配，还因为他们认为没有理性的伦理观规范现代人的行为。治愈的方式不是哀悼或怀念过去，而是勇敢地接受现代的前景，以及下定决心将所有早该舍弃的迷信彻底根除。

人仰赖合作，合作是自然赋予人的天性……爱是导致合作的第一种也是最常见的情感形式，而那些曾经经历过爱的人，不管其程度为何，皆不会认为最高的善和他们所爱的人无关。

要感受悲剧，人必须要了解他所处的世界，不仅仅是用心灵去感受，还要用生命和激情去感受。

拼命工作，直到永远失去快乐

> 生命中只有竞争，这样的观念实在太残酷、太执着，需要太多的咬紧牙关、太多的苦心孤诣，以至于无法建立生命延续的基础。

如果你问任何美国人，或是任何在英国从商的人，在生活中哪件事是对快乐最大的妨碍，他会回答："为生活奋战。"他的回答是这么诚恳，全心全意。在某个层面上，这个答案当然没有错，但是在非常重要的层面上，这个答案大错特错。人有可能需要为生活奋战，但那是在非常不幸的状况下。

举例来说，这样悲惨的事发生在康拉德小说的主角福尔克身上，他的乘船毁坏了，他是船上持有火器的两人之一，船上没有食物，能吃的只有人，他和另外一个人吃完其他人之后，能吃的只剩下对方，此时真正的生存战争开始了。福尔克赢了，但之后终生茹素。这样的奋战当然和商人说的奋战是两码事。商人之所以选用这个词，是想让琐碎的事情看起来很重要。问问他，在他的阶层中有几个人因饥饿而死？问问他，他的朋友破产后发生了什么事？每个人都知道，商人破产后，他的物质生活情况还是比那些从来没有富有到可以宣告破产的人好。他们说为生活奋战，其实指的是为成功奋战。他们害怕的不是隔天没有早餐吃，而是没有办法比其他人优秀。

很奇怪的一点是，似乎很少有人真的了解，他们并非真的陷入无法挣脱的机制中，他们持续地在这机制上走着，只因为他们并没有发觉，这个机制不能带他们到更高的层次。我常想，那些居高位、拥高薪的人，如果只仰赖既有的财产而不持续地汲汲营营，也可以生活得很好。但他们却觉得这样做很羞耻，好像在敌阵前做个逃兵，但如果你问他们，他们的工作对公众有什么价值，除了宣扬生活困难的那套陈腔滥调，他们再也无话可说。

让我们看看这种人的生活，我们可以假设，他有漂亮的房子、迷人的老婆、可爱的孩子。清晨当家人都还在睡梦中时，他便已醒来，匆匆地赶到办公室。他的职责，是去展示自己身为管理阶层的优秀才干。他有着坚毅的下巴，说话果断，精心地营造睿智的气氛，以打动办公室里除了打杂小弟之外的所有人。他主写商业信件，和不同的重要人物通电话，研究市场，积极地和生意伙伴或者潜在客户吃午饭，整个下午他也都忙着类似的事情。好不容易回到家中，已经累得不像话，晚餐时还必须假装很快乐地和家人言谈，直到睡觉时才能松口气。

这个人的工作就像百米赛跑一般，但这场百米赛跑的终点只是坟墓。专注力对真正的百米赛跑是重要的，但是在工作上要求同等的专注有些过头。他了解他的孩子们吗？平常工作日他在办公室，周末时他在高尔夫球场。他了解他的妻子吗？早上他离家时，妻子还在睡梦中。晚上他和妻子得与朋友社交，也没办法亲密地对话。他虽然和不少人互动，但真正深交的朋友却没有几个。对于季节，他只在季节对市场造成影响时才有感受。他也游走过其他国家，但那些国家在他的眼里尽是无趣。在他看来，阅读是无用的，音乐则过分高雅。

我曾经在欧洲看过这样的美国中年男性和他们的妻儿。他的家人说服他，是时候休个假，也让女儿们享受享受"旧世界"的生活。快乐无比的妻子和女儿们环绕在他身边，每见到新奇的有特色的东西就喊他看。这位一家之主终于厌倦，感到无聊，开始想着办公室里现在发生什么事，球场现在赛况如何。他的女伴们最后放弃了他，认为他真是个庸俗的人。她们从来没有想过，他只是她们贪欲的牺牲品。的确，这也许不是完全准确的看法，就好像欧洲的旁观者对印度寡妇自焚殉夫的看法一样。也许十个中有九个自焚的寡妇是自愿的，从宗教观看，这是她们命中注定的结局，她们也准备为了荣誉而牺牲。对商人来说，他的宗教和荣誉要求他赚很多钱，就像印度的寡妇一样，他心甘情愿地受折磨。

美国商人如果要变得快乐些，就必须改变信念。如果他渴求成功，并全心全意地认为男人的责任是成功，认为男人若不这样做就是可怜虫，那么这个男人会一直过分执着，过分焦虑，得不到快乐。拿一个简单的投资例子来说，几乎每一个美国人宁愿在有风险的投资上得到百分之八的回报率，也不愿意在无风险的投资上获得百分之四的回报率。结果是，人们不断地为金钱的损失而忧心烦恼。

对我来说，我愿意用钱换取惬意的闲暇时光。但是典型的现代人想要更多的钱，以换取排场和炫富的资本。在美国，社会阶级是不固定的，一直在变动。如此一来，比起在社会阶级固定的情况下，势利更是无法止歇。虽然光有钱不足以让人辉煌，但没有钱是一定没办法辉煌的。再者，社会的价值观认为收入多寡和智商有关。一个赚很多钱的人一定很聪明，赚不了钱的人智商铁定不高，没有人愿意被别人视为笨蛋。因此，当市场动荡不安时，人们就好像中学生面对大考一样坐立难安。

必须承认，商人心里对于破产存着非理性的害怕，他们因此焦虑难安。阿诺德·本涅特书中的主人翁克雷亨格非常富有，却总是害怕死在待业所中。我绝不怀疑那些幼年生活困苦的人极度担忧他们的孩子也会遭遇同样的情况，总觉得再多的钱也无法建构抵御贫穷灾难的堡垒。这样的担忧可能无法从第一世代身上移除，却不太可能折磨那些没受过贫穷之苦的人。所以对破产的恐惧，可能是我们要讨论的问题中一个较次要且例外的因素。

问题的根源在于，人们过分地强调竞争的结果，以至于把它和幸福的源泉画上等号。我不否认，成功的感觉使人更热爱生活。比方说，一个年少时期默默无闻的画家，一旦才华得到认可，他会感到更快乐。我也不否认，就某些层面来说，金钱能大大地增进幸福，但这是有限度的。总之，我坚信，成功只是构成幸福的元素之一，如果不惜以牺牲所有的一切来得到它，那么付出的代价实在是太高昂了。

问题的根源在于商业圈里普遍为人接受的生活哲学。

在欧洲，还有其他圈子的人享有尊崇的地位。某些国家有贵族阶层；每个国家都有高知识阶层；除了一些小国，大部分的国家都有备受尊崇的海陆军。当然，不管在什么圈子里，都有追求成功的竞争，但同时，不仅是成功得到尊重，杰出的表现也会受到尊重。一个科学家不一定很会赚钱，但旁人不会因为他收入的多寡而影响对他的尊重；没有人会讶异杰出的将领并不富有，而在那样的身份里，贫穷本身甚至是一种荣耀。因此，在欧洲，只有在某些圈子里才会出现纯粹为了金钱的竞争，但这些圈子往往不是最有影响力或是最受尊重的。

在美国，情况恰恰相反，公职机关在国民生活中占的比例太小，以至于没有任何影响力。至于那些学有专精的专业人士，因为一般人看不出医生究竟懂多少医学，或是律师懂多少法律，因此他们就简单地用这些人的生活方式和收入来判断他们的价值。至于教授，只是商人雇用的仆人，因此也不像以往那么受人尊重。如此一来，在美国，专业人士皆模仿商人，而不像在欧洲那样构成一个独立的人群。也因此，在整个富裕阶层中，没有什么能够缓和为经济成功而进行的赤裸裸的斗争。

美国的男孩很早就认为赚钱是唯一重要的事，因此不想浪费时间在没有金钱价值的教育上。以往，教育被视为训练人如何享受的过程。这里所说的"享受"，是指那些未受教育的人不能领会的高雅乐趣。在十八世纪，懂得鉴赏文学、绘画和音乐，是"绅士"必备的能力之一。现在我们可能不认同那时候的绅士的品位，但是至少该品位是真实的。现在的有钱人是很不一样的族群。他们从不阅读；如果一个有钱人开了个画廊来增加他的名声，他也得仰赖专家帮忙选画。他并不是从看画中得到乐趣，而是因为其他有钱人得不到这些画而快乐。至于音乐，如果他恰好是个犹太人，那么也许他真心喜欢音乐。他如果不是，那么他对音乐也和对其他艺术一样无知。这都是因为他不知道该怎么打发闲暇时光。他愈来愈富有，赚钱也愈来愈容易，容易到一天只要花五分钟就能赚到花不完的钱。成功让这可怜的人不知所措。只要成功是生命的唯一目的，这样的结局就不可避免。除非有人教他在成功之后该怎么运用这份成功，要不然成功将不再令人欣喜。

竞争心理很容易就会入侵不属于它的地方。以阅读为例，有两种动机让人阅读：一、你喜欢阅读；二、你可以借阅读来夸耀。美国的妇女界很流行每个月阅读（或假装阅读）某些书。有的读完了整本书，有的只读了第一章，有的读了书评，但所有人的桌上都会摆着这本书。然而她们并不阅读经典名著，她们的读书会不会选择《哈姆雷特》或《李尔王》，也没有哪个月份她们觉得必须读但丁。她们读的都是平庸的现代书籍。这当然是竞争的产物，但也许情况没那么坏，因为这些离经典名著如此遥远的女士，如果没有文学导师的引领，接触的可能是更糟糕的书籍。

现代生活对竞争的强调和文明水平的逐渐失格有密切的关系，这样的情况也发生在奥古斯都时代之后的罗马帝国。男人女人变得无法享受知性的乐趣。举例来说，在十八世纪的法式沙龙里发展出的近乎完美的对谈艺术，在四十年前还是活跃的传统。那是相当精美的艺术，必须倾注所有的官能参与创造稍纵即逝的对话。但在我们的时代里，谁有那种闲情逸致？对于优秀文学的知识，五十年或是百年前还广为受过教育的阶级所知，现在则只有少数的教授知道。所有非显学带来的乐趣也被抛弃了。曾有美国学生在春天带我穿过校园边的树林，那时美丽的野花盛开，但没有一个人知道任何一种花的名字。这知识能干什么呢？又不能增加任何人的收入。

这不是个人的问题，也没有任何人可以在个人的范围内防范它。这个问题起源于社会上普遍为人接受的生活哲学，其中，生命是比赛，是竞争，荣耀归于胜利者。这样的观念让人过分地强调决心和意志，而牺牲了感觉和智能。或许我们这么说是本末倒置了，清教徒道德家在现代总是强调意志，虽然原本他们强调的是信仰。也许在历经数代后，清教徒主义会创造出一种人，他们过度强调意志，而欠缺感觉和智能，并且采用他们认为最符合天性的竞争哲学。

不管原因是什么，这些现代恐龙的惊人成功，就像他们史前的模样，偏爱力量更甚于智慧，而全世界的人都起而效尤：他们已成为各地白人的榜样，在接下来的数百年里声势逐渐壮大。那些不随之起舞的人，也许可以安慰自己说，恐龙最后并没有称霸天下，它们自相残杀，而聪明的旁观者等着接收它们的王国。现代恐龙也在自相残杀，平均而言，每对夫妻生育不到两个小孩，人们不像以前那样享受人生，并且想要生小孩。在这个阶段，人们从清教徒祖先承袭而来的令人过分疲累的哲学，看起来和这世界很不相容。那些对未来悲观，以至于不愿繁衍后代的族类，终会被生物法则淘汰掉。很快，继之而起的会是更欢乐、更幸福的族类。

生命中只有竞争，这样的观念实在太残酷、太执着，需要太多的咬紧牙关、太多的苦心孤诣，以至于无法建立生命延续的基础，这样的生活最多只能延续一两代。一两代之后，就会产生精神疲劳、各种形式的逃避，对快乐的追求就会像工作一样紧绷和困难（因为放松已成为不可能的事），最终所有此类的人都消失殆尽，因为他们不能再创造新的生命。竞争观不但毒害了工作，也毒害了休闲。那种安静且可舒缓神经的休闲让人觉得无趣。竞争的脚步愈来愈快，最终只有药物和彻底的崩解才能结束这局面。治疗的方法是，承认合理和安静的享受，是平衡的理想生活的一部分。

对我来说，我愿意用钱换取惬意的闲暇时光。但是典型的现代人想要更多的钱，以换取排场和炫富的资本。

问题的根源在于，人们过分地强调竞争的结果，以至于把它和幸福的源泉画上等号。

成功只是构成幸福的元素之一，如果不惜以牺牲所有的一切来得到它，那么付出的代价实在是太高昂了。

承认合理和安静的享受，是平衡的理想生活的一部分。

无聊与刺激

再伟大的作品也会有无聊的部分，所有伟大的生命也包含平淡的区段。

"无聊"是人类行为的要素之一，但受到的关注太少。它是整个历史演进的重要动机之一，现在更甚以往。无聊似乎是人类特有的。的确，当动物被关在笼子里的时候，它们会显得无精打采，来回踱步，还会打呵欠，但我不觉得动物感知到了任何类似无聊的情绪。大多数时候，它们防着敌人或找食物；有时交配，有时取暖。就算在它们不高兴的时候，我也不觉得它们无聊。也许类人猿和人类类似，会有无聊的情绪，但我从来没和类人猿相处过，所以没机会证实这点。

无聊的一个基本要素是将现在的环境和想象中较优的环境对比。另一个要素则是人的感官不能长期紧绷。逃避敌人的追杀，大概不是件快乐的事，但也一定不无聊。一个即将被处决的人，除非有超人的勇气，恐怕也不会觉得无聊。也没有人会在上议院的初次演说中打呵欠，唯一的例外是已故的德文郡公爵，他也因此得到同僚的敬重。无聊基本上就是期望有事发生，却事与愿违，这件事不一定是快乐的，只要能够让倦怠的人可以分辨今天和另一天之间的差别即可。无聊的反面，不是快乐，而是刺激。

人的内心深处渴望刺激，尤其是男性。我想在狩猎时代，这个需求一定较容易满足。追逐刺激，战争是刺激的，求偶也是刺激的。原始人会和丈夫沉睡在身旁的女子偷情，尽管他知道，万一女子的丈夫醒过来他必死无疑。这样的情况，我想一定不无聊。当农业时代来临，生活开始变得平淡，只有贵族阶级的生活例外，因为他们还维持着打猎的习惯。

很多人说工业时代非常单调，但我认为农业时代也不遑多让。的确，和许多慈善家的论调相反，我认为工业时代大大地减少了世界上无聊的总量。劳工在劳动时间不是孤独的，夜晚时，他们也有比农业时代更多的娱乐选择。看看中下阶层人生活的改变。以往，晚餐后，妻子和女儿们收拾好餐桌，每个人团团坐着，开始他们所谓的"快乐的家庭时光"，一家之主去睡了，妻子打毛线，女儿们不是

044

宁愿死了，就是希望前往廷巴克图。她们不能阅读，也不被允许离开，因为理论上这段时间是父亲和女儿们对谈的时间，她们理当为此兴奋、开心。幸运的话，她们会结婚，那么就有机会让她们的孩子过上同样惨淡的少年时光。如果没那么幸运，她们就会孤独地老去——这和原始人加诸受害者的命运一样悲惨。

几百年前的世界里，无聊就是给人这样的重担，把时间再往前推些，情况则更糟。想象一下中世纪农村的冬季里，人们不会读书写字，日落后只能点蜡烛照明，这一小团火的烟雾弥漫在唯一的房间里，使房间不那么冰冷。道路被封住了，几乎看不到别村来的访客。一定是这样无聊的生活促使了猎巫行动的诞生，让冬日的夜晚活跃起来。

我们不像祖先那样无聊，但我们更怕无聊。我们知道，或者宁愿相信，无聊不是正常生命的一部分，只要努力追求刺激就可以避免。现代女人自力更生，因为这样她们才有能力追求刺激，逃避祖母辈得苦熬过的"快乐的家庭时光"。每个人都住在城镇里。在美国，那些没有办法住在城镇里的人有车，车可以带他们到电影院去。当然在家里他们有收音机。年轻男女见面比以前容易得多，每个女佣都希望每周至少有一次能像简·奥斯汀小说中的女主人公那样拥有激动人心的时刻。随着社会规模的扩大，人们越来越渴求刺激。那些有足够财力的人，总是到不同的地方寻乐、跳舞、喝酒，好像在新的地方这些活动就更有意思些。那些必须工作的人，必定在工作之中忍受着一定程度的无聊，而那些有足够金钱、不需要工作的人，认为理想的生命完全没有无聊。这当然是很高贵的理想，我难以非议，但这理想恐怕就像其他理想一样，总是比理想家想象的更加难以实现。毕竟，早晨的无聊程度和前晚的欢乐程度是成正比的。

人生有中年，也有老年。二十岁的年轻人认为人生三十岁就结束了。我现在五十八岁了，可不能那么想。也许，挥霍掉生命和花掉财产同样不明智。也许，无聊本就是生命无可避免的一部分。想要摆脱无聊是很正常的，任谁如果有机会都想摆脱。当美洲原住民第一次从白人那边尝到酒的味道时，他们发现终于有个办法可以摆脱古来的单调，若无政府干涉，他们会喝到烂醉如泥。战争、屠杀、迫害都是人想出来的摆脱无聊的方式，就连和邻居争吵也比什么都没有好。对于道德家来说，无聊是很重要的问题，因为人类一半的罪恶都是从害怕无聊而起。

然而，别把无聊看得一无是处。无聊有两种：一种促进成长，一种导致僵化。促进成长得益于药物的缺席，而僵化源于生命活动的缺乏。我可不是说药物对生命没有正面意义。举例来说，很多时候，聪明的医生会给病人开类鸦片的药物，而这样的时候远比禁鸦片者所想象的还要多。但是不能因为生理冲动，就对药物的渴求毫无约束。一个人如果全然依赖药物，一旦失去药物来源，那么他所经历的那种无聊感，除了时间，我想不出别的补救办法。

　　适度使用药物的观念，也多少适用于刺激。满是刺激的生活让人疲累，在此种生活中，要得到快乐，需要寻求更多的刺激。一个习惯于刺激的人，像是对胡椒有病态的渴求，最终被呛到了也毫无感觉。为了避免过度的刺激，适度的无聊是必要的。太多的刺激不但有害健康，也会让所有乐趣都平淡无奇，它用肤浅的快感代替深度的满足，用聪明代替智慧，用新奇代替美丽。我不想过度反对刺激，适度的刺激是好的，但是就像所有其他事物一样，刺激不宜过量。太少导致病态的需求，太多则制造精神耗竭。拥有承受无聊的力量是获得快乐的基础，而我们必须教导年轻人这一点。

　　再伟大的作品也会有无聊的部分，所有伟大的生命也包含平淡的区段。如果《旧约全书》的手稿被当作新作品，送给现代的美国出版社审核出版，很容易想象得到，它大概会得到这样千篇一律的评论："亲爱的作者，"审读者会这样开头，"这章节缺乏能量；你不该期望读者会对一串名字感兴趣，尤其这些名字背后的故事揭露得又是如此之少。我必须说，你得用更好的方式开始你的故事。一开始我的确感兴趣，但是你想要说的太多。请挑精彩的描述，略过那些多余的细节。等你把书删减到合理的长度之后，再把手稿送回来。"现代的出版社会这么说，因为他们知道读者怕无聊。他们对其他类似的作品也会有同样的评论，像《论语》《古兰经》或是马克思的《资本论》，以及其他圣人哲言。不但这类的作品是这样，所有最好的小说也包含平淡的片段。如果一本小说从第一页到最后一页都有亮点，它一定不会是本好书。

伟人的生命也只有在某些时段大风大浪。苏格拉底享受不定期的宴会，就算毒草的毒性开始发作，他也可以从对话中得到乐趣。但大多数时候，他安静地享受和妻子共处的日子，下午散散步，偶尔和几个朋友碰碰面。康德这辈子也没到过柯尼斯堡十英里外的地方。达尔文环游世界之后，在家中度过余生。马克思在搞起几个革命之后，也决定在大英博物馆度过晚年。安静地生活似乎是伟人的特点，他们的生活不如外界所想的刺激。所有伟大的成就都需要持之以恒的努力，需要完全的投入，以至于你无法有多余的力量去寻找让你劳累的娱乐。当然，在假日从事恢复体力的活动例外，例如登山。

承受单调的生活，是童年时就应该养成的习惯。现代的父母都失职了。他们给孩子太多的被动娱乐，像是表演或美食，却不知道对孩子来说，学会和单调的生活共处是相当重要的。孩子们在孩提时的主要乐趣，应该是需要花劳力和心力取得的，而非坐着不动即可以享受相当具刺激性的娱乐。这样的娱乐和药物没有什么两样，很快就会让人的胃口愈养愈大，而不需要任何生理上的活动即可享受刺激是违背天性的。小孩子像小幼苗一样，要长得好，应该让他在固定的地方安稳地、不受打扰地成长。太多旅游，太多大开眼界，对年轻人是不好的，只会让他们长大后无法适应积极的单调。单调并无好坏之分，但有时候要成就好事，某种程度的单调是必须的。举华兹华斯的长诗《序曲》为例，对每个读者而言，这个结论浅而易见：有阅历的城市青年不可能体会到华兹华斯的想法和感情的价值。如果一个年轻人，为了成就某个严肃的建设性的目标，了解到承受单调是必须的，他就会自愿去承担。假使他在成长过程中老是被其他事情分心，放荡不羁，那他便不太能设想建设性的目标，因为他容易被周遭的事物诱惑，无法专注于遥远的成就。因此，无法承受单调的一代人，是无法成就大事的一代人，他们与自然的缓慢过程脱节，就像花瓶里的花一样，慢慢地失去活力、凋零。

　　我并不喜欢使用神秘性的语言，但是我只能使用看起来富有诗意、不具有科学性的语言才能够表达我的观点。不管我们怎么想，我们都是地球上的生物。我们是地球的一部分，就好像动植物一样，我们从地球得到养分。地球生命的韵律是缓慢的，秋冬季和春夏季一样重要，休息和活动一样重要。与成人相比，孩子更应和大地的节奏保持协调。几个世纪下来，人体已经习惯并且采用这种节奏，宗教（如复活节）也体现了对这种节奏的适应。

　　我曾经看过一个在伦敦长大的孩子，他直到两岁才第一次到乡间，接触到绿意。那时候是冬季，到处都因潮湿而泥泞不堪。在大人眼中，这样的景色有什么乐趣？这孩子却兴高采烈地手舞足蹈；他跪在湿地上，把脸藏到草丛间，用难以听懂的语言高喊出他的快乐。那种快乐是原始的、简单的、巨大的。生理上的需要得到深度的满足，缺乏这份满足的人，很难说是正常的。

很多娱乐，像是赌博，和地球一点关联都没有。当这样的娱乐结束时，人们只觉得肮脏、不满足、茫然。这样的娱乐无法和真正的快乐画上等号。相对地，那些和地球有关联的乐趣，也许看起来并不像前述的娱乐那么刺激，却能带给我们深层的满足，结束时仍余韵绕梁。这两种娱乐的分别对社会各阶层的人都是一样的。刚刚说到的那个两岁男孩，展现了与大地合为一体的最原始形式。较高层的形式则可在诗中体现。莎士比亚的美妙诗句，像是"听，听，那云雀"或是"来到这片黄沙滩"，字里行间展露出来的情绪和两岁孩子那难以听懂的快乐呼喊是一模一样的。或是再比较一下爱情和纯粹的性吸引力的分别。如果我们感受到爱情，我们就像干旱后受雨水滋润、洗礼的植物一样，得到重生，感到清新。无爱的性交则无法带来这些感觉。在性交的乐趣结束的那一刻，疲累、嫌恶、对生命的空虚感随之而来。爱是地球生命的一部分，无爱的性则不是。

现代人遭受的特殊形式的无聊，和他们与地球脱节密不可分。无聊让生活变得难耐、没有活力和焦渴，就好像在沙漠朝圣。这种情形对于那些富有到可以选择自己生活方式的人而言是矛盾的，他们会承受这样的无聊，起因于对无聊的害怕。为了从有建设性的无聊里挣脱，他们得到那种最糟糕的无聊。幸福的生活必然在很大程度上是平静的，因为真正的快乐只存在于平静的环境里。

无聊基本上就是期望有事发生，却事与愿违……无聊的反面，不是快乐，而是刺激。

战争、屠杀、迫害都是人想出来的摆脱无聊的方式，就连和邻居争吵也比什么都没有好……人类一半的罪恶都是从害怕无聊而起。

为了避免过度的刺激，适度的无聊是必要的。太多的刺激不但有害健康，也会让所有乐趣都平淡无奇，它用肤浅的快感代替深度的满足，用聪明代替智慧，用新奇代替美丽。

无法承受单调的一代人，是无法成就大事的一代人，他们与自然的缓慢过程脱节，就像花瓶里的花一样，慢慢地失去活力、凋零。

幸福的生活必然在很大程度上是平静的，因为真正的快乐只存在于平静的环境里。

现代人的精神疲劳

情绪疲劳的问题在于它会干扰休息。一个人愈疲劳，就会愈觉得疲劳难以消除。濒临精神崩溃的征兆之一，是过度看重工作，甚至认为一天的休息可能会带来可怕的灾难。

疲劳有很多种，其中有些比其他因素对快乐的妨碍更为严重。生理疲劳若适度，还可以是快乐的成因，因为它让人睡得更好，胃口大开，开心地期望假日的来临。但疲劳的程度如果太高，则会相当有害。

旧日的农村女性，除非从事较高阶的工作，要不然三十岁时就会因为过度操劳而老得不像话。早期的工业社会，过度劳动会影响孩子生长或导致其死亡。在工业发展刚起步的国家，这样的例子仍然随处可见。生理上过分的劳动是痛苦的折磨，让生命难以忍受。不过当工业条件改善时，生理疲劳减少了许多。在现今的发达社会，最严重的疲劳是精神疲劳。这样的情况在商人以及用脑力赚钱的阶层比劳动阶层更为严重。

要从现代社会的精神疲劳中挣脱，是件非常困难的事。首先，都市的上班族，不但在上班时间需要忍受噪声，通勤的时候也不例外。的确，很多人已经学着假装听不见，但是为了让意识听不见这些噪声，潜意识要花的功夫也把这个人折磨殆尽。另外一个造成精神疲劳但少为人注意的原因，则是我们必须常常和陌生人打交道。出于天性，人和其他动物一样，经常要观察陌生的同类，再决定以和善的或是敌视的态度来面对这一同类。

在交通高峰期利用地铁通勤的人当然也继承了这个天性，因此这些人对于非自愿接触的陌生者，总有着愈演愈烈的敌意。然后还有早上因为赶车造成的消化不良。因此，在抵达办公室展开一天的工作之前，这些身着黑西装的上班族已经精神耗损，看其他人都不顺眼。他的雇主也带着一样的心情走进办公室，无法帮助员工缓解精神上的紧张。因为害怕被解雇，员工假意尊敬雇主，但这种不自然的情绪更是增加了精神的压力。如果每周员工都可以捏捏雇主的鼻子，或是告诉雇主心中所想，那么紧张感大概可以舒缓。但是雇主也有其烦恼，这种做法对他一点帮助也没有。员工害怕被解雇，雇主害怕破产。

当然有些雇主事业够大，不需要担心破产，但是要达到这样的规模需要很多年的艰辛努力，在这个过程当中，他们必须随时注意世界形势，洞悉竞争对手的谋略。他们终于取得成功之时，精神也已然崩溃了，他们无法摆脱过去需要的焦虑，因为焦虑已经成为他们的习惯。他们的下一代也比一般人焦虑。他们赌博，惹恼了父亲；为了追求享乐减少睡眠时间，弄得身体每下愈况。到了要成家立业的时候，他们已经和父亲一样无法享受快乐了。无论自愿与否，出于选择或必须，现代人活得紧张兮兮，不靠酒精就没办法享受。

　　撇下愚蠢的有钱人不谈，让我们看看那些平常人，他们的疲劳和必须辛勤工作才能谋生息息相关。这些人的疲劳大部分是因为担忧，而我们可以靠较好的生活哲学以及心理训练来防范担忧。

　　很多人都控制不了自己的思绪。我想说的是，尽管已经尽力了，他们还是没有办法停止担忧。男人把生意上的烦恼带到床上，他们正需要好好养足精神面对隔天的问题时，却翻来覆去想着已然成定局、做什么都于事无补的问题。他们并非为了明日事务的改善而思考，而是因为遭受失眠的侵扰而胡思乱想。到了早晨，午夜里的疯狂纷乱仍然紧随着他们，影响他们的判断力，让他们易怒，对挫折容忍度下降。聪明的人只会在有目标要完成的时候才思考他的难题，在其他的时候则想其他的问题，晚上就干脆让脑袋休息。

当然，我不是说，遇到非常状况时，比如破产或伴侣出轨，人真能什么都不想，只有少数心灵训练有素的人可以做到这一点。但是在正常的情况下，除了须立即处理的事之外，应该将日常里的寻常烦恼暂时搁置。在正确的时间思考问题，而不是随时随地不适宜地想着问题，这可以提升快乐和效率。当你必须做一个困难的决定时，只要所有的资料都到手了，就尽最大的努力好好思索，然后下决定。只要下了决定，除非得到新的资料，否则就别反反复复。没有什么事情比犹疑不决更徒劳了。

了解导致焦虑的事情其实没有什么重要性，也可以大大减少担忧。我常常需要公开演说，一开始时，我害怕每个听众，紧张更是让我表现不好。我对于公开演说害怕到每次开演前都以宁愿断腿来回避它，结束后总因为精神紧张而累得半死。我逐渐地学会放松。我告诉自己，世界不会因为我的表现而改变。我发现愈不在意自己的表现，反而表现得愈不差，精神紧张的状况也慢慢好转。

这种方式可以用来应付很多精神疲劳。我们的表现不像我们以为的那么重要；我们的成功失败到头来其实也就是那么一回事。我们可以熬过极度悲惨的状况活下来。很多看似深不见底、终结快乐的悲伤，也将随流逝的时光被淡化、遗忘。认清这个事实，能让我们超越以自我为中心的考量：一个人的自我在世界上无足轻重。一个能专注在自我以外的人，一定可以在生活的纷纷扰扰中找到平静，而一个纯粹的自我主义者则不然。

　　研究精神卫生学这门学问的人太少了。工业心理学的确对疲劳做了很精密繁复的研究，根据搜集到的统计数字，你如果长时间持续做某件事情，最后一定会疲累——这个结论就算没做什么科学研究也可以猜想得出来。心理学家对疲劳的研究集中在肌肉的疲劳，虽然说也有一部分的研究着重于在校生的疲劳。但以上这些都没有触及重要的问题。

　　在现代社会中，最重要的疲劳一定和情绪有关。纯粹的智力疲劳和纯粹的肌肉疲劳一样，可以靠睡眠来恢复。一个从事不涉及情绪、完全与智力相关的工作的人——像是精密的计算——晚上的睡眠可以缓解这天的智力疲劳。然而，超时工作之所以造成危害，起因不是这类消耗，而是担忧和焦虑。情绪疲劳的问题在于它会干扰休息。一个人愈疲劳，就会愈觉得疲劳难以消除。濒临精神崩溃的征兆之一，是过度看重工作，甚至认为一天的休息可能会带来可怕的灾难。如果我是医生，我开给他们的药方就是放假。事实上，很多看起来由工作造成的精神崩溃，其实是肇始于病人的情绪问题，而他只不过想要用工作来逃避生活中的不幸，无论是何种形式的不幸。当然也可能是因为害怕破产，但这份担忧可能会导致他超时工作，以至于判断力变差，反而加速破产。这些案例的问题都不在工作，而在于导致崩溃的情绪。

担忧的心理学绝不简单。我之前提到过心理训练，也就是培养自己在适当的时候想事情的习惯。这训练有其重要性：第一它可以减少工作时思想的消耗，第二它能缓解失眠，第三它能提升做决定的效率和智慧。但是这类方法并没有触及潜意识或者无意识，当问题严重时，除非我们能够穿透意识，否则任何方法都无济于事。

心理学家针对无意识对意识的影响做了很多研究，但是针对意识对无意识的影响的研究则寥寥无几。然而后者对于心理卫生是相当重要的，我们必须了解理性的信念是否可以在无意识的领域发挥作用。这对于担忧这个议题尤其重要。告诉一个人他担心的不幸就算发生了也不会那么严重很简单,但是只要这份担忧仍停留在他的意识中,到了晚上,他还是会做噩梦。我相信,如果意识足够强烈,是可以将它植入无意识中的。无意识包含很多原本存在于意识中的具有高度情绪能量的念头,只是它们都被深深地埋藏起来了。如果可以刻意埋藏某些念头,就能更有效地使用无意识来做些有用的事。

以我的亲身经历为例,如果我必须撰写高难度的题目,最好的计划就是集中精力去想这个题目——我能够达到的最高强度——过了几个小时或是几天后再下达命令,这份工作就暗自开始运作了。几个月后,我有意识地回到这个写作的题目,就发现一切都水到渠成了。在我发现这个技巧之前,我经常花数月的时间担忧,因为一点进展都没有。我并没有因为担忧而提早解决问题,而那几个月的时间就这样被我浪费了,但现在我可以把那些时间用来做别的事情。

类似的过程也可以用来对付焦虑。当面对不幸的威胁,严肃深刻地思索最坏的情况。直面这份可能的不幸,给自己强而有力的理由相信一切不会太糟。这样的理由总是存在的,因为最坏的结果都不致天崩地裂。当你很认真地以最坏的打算检视它，也确信"嗯，到头来，也没有太严重嘛"，你会发现原本的担忧已经大大减少。也许必须重复这个过程好几次，但你若不逃避，勇于面对，最后就会发现你的担忧已经消失无踪，取而代之的会是某种激昂的情绪。

这是用来避免恐惧的寻常技巧之一。担忧是恐惧的一种形式，所有形式的恐惧都会导致疲劳。一个学会克服恐惧的人会发现日常生活的疲劳减少了许多。最具危害性的恐惧形式，发生在我们不愿意面对某种危险的时候。在某些奇怪的时刻，恐惧会直接涌进我们的心中。恐惧的对象因人而异，但每个人心中都有某种潜伏着的恐惧。也许是癌症，也许是破产，或者不光彩的秘密被揭发，或者被嫉妒的怀疑所折磨，抑或担忧小时候听到的恐怖故事是真的，并因而辗转难眠。

所有人大概都使用了错误的方式来处理恐惧，被恐惧占据的时候，他们尝试借由别的事来转移注意力。不去面对恐惧只会让恐惧变得更糟。面对恐惧的正确方式应该是理智地、冷静地、相当专注地思考，直到恐惧变得熟悉。最终熟悉感会让恐惧变得平淡无奇，甚至无趣。如果你发现自己长期被某些事情所困扰，最好的方式就是加倍地、努力地去思考它，直到恐惧感被消磨掉为止。

现代社会缺乏处理恐惧的正确态度。男人被要求具备体魄上的勇敢，尤其是在战争中，但是社会并不期许男人有其他形式的勇敢，而对女人，则不期许她们有任何形式的勇敢。一个勇敢的女人必须隐瞒她希望男人喜欢她的事实。社会对于体魄之外的勇敢有相当的偏见。举例来说，漠视公众价值观被视为挑衅，公众会尽可能处罚这个胆敢藐视权威的男人。这些和应该存在的情形恰恰相反。不管是在男人身上还是在女人身上，任何形式的勇敢都应该获得赞许。年轻男人普遍具有体魄上的勇敢，这证明如果公众舆论需要，勇敢是可以培养出来的。多一些勇敢，就会少一些担忧，进而少一些疲劳。因为男人和女人蒙受的精神疲劳，很大一部分是由恐惧而来，不管他们是否意识到了。

疲劳很常见的一个成因是对刺激的爱好。一个人如果能在睡眠中度过他的闲暇时光，就能保持健康，但他在工作时间里是沉闷的，所以他在闲暇时间里需要娱乐。问题在于，那些唾手可得的乐趣，以及那些肤浅却诱人的乐趣，基本上都是让神经疲劳的。对于刺激的需求超过一定限度，是性格扭曲或是某种本能没有得到满足的迹象。

以往，在愉快的婚姻里，大多数男人都不觉得有追求刺激的需要，但是现代人一定得等到经济情况许可才结婚，因此婚期大大延后，在婚前的这段时间里，人们已经培养起对刺激的习惯了。如果社会允许男人在二十一岁的时候结婚，且不需要承担和婚姻相关的经济包袱，那么男人就不会沉溺在这些刺激的娱乐中了。然而，给出这种建议是不道德的，看看林赛法官的命运，尽管他从事光荣的工作一辈子，他仍然遭受谤议，而他想做的只不过是把年轻人从老一辈的偏执里拯救出来。我暂不在这里进一步讨论这个问题，因为它是在"嫉妒"的课题下，下一章再讨论。

对于不能改变法律也无力改变社会制度的个人来说，真的很难处理由压抑的道德家创造出来且致力延续的局面。虽然令人满足的快乐难以取得，人们也很难在不依赖刺激的情况下忍受生活，然而，我们应该认识到，刺激性的乐趣并不是通往幸福的道路。在这样的情况下，一个谨慎的人能做的就是节制自己，不让自己沉溺于令人疲累的娱乐，以免损害健康或影响工作。治疗年轻人的问题的根本办法是改变社会的道德观。同时，年轻人应该好好想想，自己终究会结婚，选择一种会损耗精神且令人不轻松的生活方式，会导致不幸福的婚姻。

精神疲劳的最糟糕的特征之一，是它好像一道屏障，阻隔了人和外在世界的联系。在这个人眼中，外在世界变得模糊不清。除非被一些小把戏或者怪癖扰动，他不会注意到别人。他不再享受美食，也不再欣赏阳光，只是紧张地注意少数几件事物，对其他则视而不见。这样的状态让他难以休息，疲劳于是持续地增加，最后他只能求助于医药。这就是上一章提及的和大自然脱节所遭受的惩罚。但是在现代，都市人口一直增长，保持和地球的联系对人们来说绝非易事。然而，在这里，我们再次发现，我们处在极大的社会问题的边缘，而这并不是本书想阐述的重点。

聪明的人只会在有目标要完成的时候才思考他的难题,在其他的时候则想其他的问题,晚上就干脆让脑袋休息。

一个能专注在自我以外的人,一定可以在生活的纷纷扰扰中找到平静,而一个纯粹的自我主义者则不然。

认清这个事实,能让我们超越以自我为中心的考量:一个人的自我在世界上无足轻重。

无意识包含很多原本存在于意识中的具有高度情绪能量的念头,只是它们都被深深地埋藏起来了。如果可以刻意埋藏某些念头,就能更有效地使用无意识来做些有用的事。

当面对不幸的威胁,严肃深刻地思索最坏的情况。直面这份可能的不幸,给自己强而有力的理由相信一切不会太糟。

面对恐惧的正确方式应该是理智地、冷静地、相当专注地思考,直到恐惧变得熟悉。最终熟悉感会让恐惧变得平淡无奇,甚至无趣。

人为什么容易嫉妒？

> 嫉妒是民主的基础。

　　嫉妒大概是仅次于担忧的导致不快乐的主要原因之一，它可说是人类最普遍、最根深蒂固的情感之一。一岁前的孩子就可以表现出嫉妒，教育工作者必须以尊重小心翼翼地处理这种行为。偏爱某个孩子而忽视另一个孩子，被忽视的孩子很快就会发现并且表达愤慨。和孩子们相处必须表现出严格且绝对的公平。和成人相比，孩子们的嫉妒表现只是稍微明显些罢了。嫉妒在成人间也是一样的普遍。举例来说，当我告知家里怀孕的女佣不需要再做提重物的工作后，其他女佣也不愿意提重物了，任何类似的工作我们都必须亲自来做。

　　嫉妒是民主的基础。赫拉克利特曾断言以弗所的市民都该被吊死，因为市民说："我们之中谁也不能成为第一。"这样的情绪铁定启发了希腊诸邦的民主进程，现代的民主发展也不例外。有种理想主义理论认为，民主是最好的制度形式，我个人也认为该理论是正确的。但是在实际的政治活动中，没有一种理想主义理论能引起巨大的变革。用来驱动某些巨大变革发生的理论，实际上掩饰了背后真正驱动改变的情感。而推动民主理论发展的情感无疑是嫉妒。读读罗兰夫人的自传，她常以为人民献身的贵妇形象出现，但是你会发现，让她成为激烈的民主改革者的背后原因，是她参观贵族的城堡时被带到仆人房，等待接见。

在尊贵阶层的一般女性中，嫉妒发挥着重要的影响。假设你坐在地铁里，一个衣着华贵的女性碰巧沿着车厢走，注意其他女性看她的眼神。除了那些比她穿得更好的女性，你会发现所有的其他女性都以一种恶毒的眼神看着她，并且努力想着如何贬损她。对于丑闻的爱好就是这类普遍恶意的体现：任何诋毁另一位女性的故事，就算证据非常单薄，也很容易就被相信。崇高的道德其实也是一样：那些有机会犯罪的人会被嫉妒，而惩罚那些犯罪者被认为是道德的。这种特殊形式的美德本身就是对这种行为的奖赏。

嫉妒也存在于男性身上，但和女性仇视所有女性不同，男性多半仇视和他在同一个工作领域的男性。你曾经鲁莽地在某个艺术家面前称赞另外一位艺术家吗？或者在某个政治家面前称赞同党派的另一个政治家？或者在一个埃及考古学家面前称赞另一位埃及考古学家？如果你曾经这么做过，那我敢说你一定曾引爆嫉妒的情绪。在来往信件中，莱布尼茨和惠更斯多次哀悼牛顿的精神状况，他们在给对方的信中写道："无出其右的天才牛顿先生居然丧失理性判断的能力，这难道不令人悲哀吗？"这两位杰出的学者，在一封封信件中，猫哭耗子假慈悲地透露出他们的幸灾乐祸。事实上，他们悲悼的事情根本就没有发生，仅仅是把几个古怪的行为作为例证，引发了关于牛顿的谣言。

在人类的许多特点中，嫉妒真是最不幸的那一种。易妒的人在不受罚的情况下会希望他人不幸，而且也使自己不快乐。他不从自己所拥有的东西中获取快乐，倒是因别人所拥有的东西而痛苦。有机会时，他会剥夺他人的利益，这样做比创造自己的利益还要令他开心。这样的情感如果无限发展，会毁坏人的所有卓越能力。为什么医生可以开车，劳动阶级却必须走路？为什么科学家可以在温暖的房间里工作，而其他人却必须忍受严酷的天气？为什么拥有重要的罕见技能的天才不需要做劳苦的家事？嫉妒无法回答这些问题。幸好人类有种与嫉妒相反的情感，也就是钦佩。如果想要增进人类的幸福，我们必须增加钦佩，减少嫉妒。

　　什么可以治疗嫉妒呢？圣人有办法摆脱自私，但是嫉妒在圣人间也不是不可能发生。我怀疑当圣西默盎"石柱人"[1]发现，另外一个圣者可以站在更窄的柱子上更久，他是否会真心地快乐？但撇开圣人不谈，治疗一般人的嫉妒的药方是快乐，但难处在于，嫉妒本身是得到快乐的障碍。我认为在孩提时遭遇到的不幸会放大嫉妒。一个孩子如果认为他的兄弟姐妹得到更多的关爱，他会因此养成嫉妒的习惯，当他踏入社会时，他会对自己所受的不公平待遇特别敏感，甚至产生被害幻想。这样的人无疑是不快乐的，他会惹恼朋友，因为朋友没办法小心翼翼地留意每件事以不引起他的猜疑。这样的人打从一开始就认为没有人喜欢他，最后他的行为也会让别人讨厌他。另外一个类似的童年不幸则是缺乏父母之爱，缺乏父母之爱的孩子会认为别家的孩子比他更受宠。这导致他恨别的小孩，也恨自己的父母，他长大了可能会觉得自己就像是以实玛利[2]。每个人生

1　圣西默盎"石柱人"，天主教圣人，一生在石柱上度过了三十年。

2　以实玛利，《圣经·创世记》中记载的人物。亚伯拉罕的妻子撒拉不孕，撒拉便把自己的埃及女仆夏甲送给丈夫作妾，夏甲生育了一个儿子，起名叫以实玛利，即"神听见"的意思，意为"耶和华听见了你的苦情"。

来都有权利享有某些快乐，若是这种快乐被剥夺了，人就会变得扭曲而且痛苦。

　　但嫉妒的人会说："你告诉我治疗嫉妒的方式是快乐有什么用？如果我持续地感到嫉妒，我就没有办法找到快乐，而你告诉我，我只有找到快乐之后才能停止嫉妒？"实际的生活不是这样逻辑化的。了解嫉妒的成因，就是向治疗嫉妒迈进了一大步。老存着比较的念头是致命的。当愉快的事情发生时，该做的是尽情享受，而不是停下来去想，比起别人的幸福，这其实没什么值得高兴的。"是的，"嫉妒的人常常这样说，"现在阳光灿烂，正是春天时光，鸟儿鸣唱，花儿盛开，但是我认为西西里岛的春天比这里的春天好一千倍，赫利孔山的鸟儿鸣唱得更加优美，沙仑的玫瑰花则比我花园里的更加娇艳。"当他这样想的时候，日光变得黯淡，鸟语变成无意义的叽叽喳喳，花儿也不值得一看。他用同样的态度对待生命中的其他乐趣，他会对自己说："我心中的女人很可爱，我爱她，她也爱我，但如果她是示巴女王，一切该变得多么美妙。啊，如果我有所罗门一样的机遇就好了。"这样的比较都是无意义且愚蠢的。无论是示巴女王还是隔门的邻居造成我们不舒服，都是一样毫无益处。

聪明的人不会因为看见他人的富足而放弃自己既有的快乐。事实上，嫉妒是一种恶习，一部分是道德上的，一部分是智力上的。嫉妒让人看不到自己所拥有的，只看到别人有的。举例来说，目前我的收入够用了，我应该很满足，但我听说一个不比我优秀的人赚的钱是我的两倍，如果我是个嫉妒的人，我的满足感会逐渐淡去，对不公平的愤慨会啮食我的心灵。心理训练可以很好地治疗这样的行为，我们需要养成断除无益念头的习惯。到头来，什么会比快乐更值得嫉妒呢？我如果能治愈我的嫉妒，那么便可以得到快乐，成为值得嫉妒的人。那位有我两倍收入的人，无疑也被嫉妒的念头折磨，以此类推。如果你冀望荣耀，你也许会嫉妒拿破仑。但拿破仑嫉妒恺撒，恺撒嫉妒亚历山大大帝，亚历山大大帝，我敢说，嫉妒大力士海克力斯，而这个神话人物根本就不存在。因此，你无法仅靠成功来摆脱嫉妒，因为你总是可以在历史上或是神话中找到比你更成功的人。要摆脱嫉妒，可以靠享受真实存在的乐趣，做好分内的工作，或是避免和想象中的人物比较。

不必要的谦逊也会造成嫉妒。谦逊是一种美德，但我怀疑这份美德发挥到极致是不是还值得为人称道。谦逊的人需要太多的再三保证，而且不太敢尝试他们绝对有能力做到的事情。谦逊的人总认为同僚比自己更加优秀，于是他们很容易产生嫉妒感，嫉妒进而转变为不快和恶意。因此我认为我们应该培养孩子的自信。

　　我不相信有哪一只孔雀会嫉妒另外一只孔雀的尾巴，因为每一只孔雀都相信自己的尾巴是世界上最漂亮的。这使它们成为温顺的鸟。试想，如果教导孔雀自我感觉良好是邪恶的，孔雀会变得多么不快乐？每当它看到别的孔雀开屏，它会告诉自己："我不可以想象自己的尾巴比它的尾巴更漂亮，因为那样想真是太虚荣了，但是，哦，我真希望我的尾巴比它的漂亮。那只可恶的孔雀还真认为它的尾巴很漂亮！我是不是该拉掉它的羽毛？这样也许我就不用再害怕与它比较了。"也许它会布下陷阱，那么它就真的变成了一只邪恶的孔雀，做出一些可怕的行为，之后必须到孔雀的领袖跟前忏悔。领袖会下这样一个结论：所有拥有特别漂亮尾巴的孔雀几乎都是邪恶的，于是它会找出谦逊但是只有稀疏羽毛的孔雀。这个逻辑一旦被接受，所有的漂亮孔雀都得被处死，最后漂亮尾巴只能成为记忆中的模糊印象。这就是伪装成道德的嫉妒的胜利。如果每只孔雀都觉得自己比别的孔雀光彩照人，就不会有这样的压迫。每只孔雀都极爱自己的尾巴，认为自己最美。

当然，嫉妒和竞争有很强的关联。我们不太会嫉妒自己不可能企及的财富。在社会阶层固定的遥远时代，神决定了阶级，下层阶级并不嫉妒上层阶级。乞丐不嫉妒亿万富翁，但他们嫉妒比自己更成功的乞丐。现代的社会阶级状态并不固定，加上民主和社会主义的平等学说，嫉妒的范围被扩展得更加广大。就目前来说，嫉妒是一种恶，但它是创造更公正的社会的必要之恶。

　　当我们理性地思考不平等的问题，除非这不平等是根据其应得价值的结果，否则我们就会发现其中有着不公正的情形。只要情况看起来不公正，嫉妒便无法消除。嫉妒因此在我们的时代占据重要地位。穷人嫉妒富人，穷国家嫉妒富有的国家，女人嫉妒男人，坚守道德的人嫉妒那些不守德却未遭受惩罚的人。虽说嫉妒是为不同阶层、不同国家以及不同性别的人带来公正的主要驱动力，但它创造出来的公正也是最坏的，它降低了幸运者的快乐，而不是增加了不幸者的快乐。在私人生活里造成浩劫的这种情感，也会在公众领域造成灾难。我们不应该假设嫉妒这么邪恶的东西可以创造出什么好东西。那些想要改变社会制度的有志之士，得利用嫉妒之外的力量来驱动社会改革。

　　所有的坏事情都是环环相扣的。此中，疲劳经常是嫉妒的成因。当某个人觉得自己对负责的工作不胜任也不满意，就会开始嫉妒其他人相对轻松的工作。因此，减少嫉妒的方式之一是减少疲劳。但是最重要的还是寻求一种能满足本能的生活方式。很多嫉妒看起来和职业相关，实际上却和性有关。一个对婚姻和孩子相当满意的男人，只要他有足够的收入好好养家，就不容易嫉妒那些更有钱或更有成就的人。人类幸福的本质很简单，简单到复杂的人无法承认他们真正缺乏的是什么。

　　前文提到那些嫉妒他人衣着华贵的女人，其实她们缺乏的是最本能的快乐。如今，拥有本能快乐的人很少。文明在这一点上似乎已经误入歧途。如果想要这世上少些嫉妒，我们就必须找到治疗社会现况的方式，如果找不到，我们的文明就有可能在仇恨的肆虐中走向毁灭。

　　在旧时代，人们只嫉妒他们的邻居，因为他们对世界的认识太少。由于教育和媒体，现代人对于各式各样的人都有了普遍的认识。从电影中，他们知道了富人的生活方式；经由报纸，他们知道发生在国外的罪孽；经由宣传话语，他们知道其他种族的劣迹。黄种人恨白种人，白种人恨黑人，以此类推。你可以说是宣传引发了这许多的仇恨，但这样的解释太肤浅。为什么宣传活动煽动仇恨比鼓励友善容易？显然，这是因为随着现代文明的发展，人的内心更容易滋生仇恨，而不是友善。人们为什么会滋生仇恨呢？因为他们不满足。在内心深处，或在无意识中，人们感到自己的生命失去了意义，得到上天赋予的美好事物的总是别人，而不是自己。

和原始社会的人比起来，现代人能得到的快乐总和无疑更多，但现代人的追求也更多。当你带孩子们到动物园时，你可能会发现，当猿类不表演杂技或剥坚果时，它们的眼中会出现一种奇怪的不安的落寞。可以推测，这是因为它们想成为人类却不知道该怎么做。在演化的过程中，它们被抛在了后头。

同样的忧虑和痛苦好像也出现在人类的灵魂里。他知道有些改善的方法伸手可及，但是却不知道在哪里可以找到，也不知道如何得到。绝望中，他向同类发泄，而他的同类和他一样失落，一样不快乐。我们在演化上只走了一段路，还没有到达最终的目的地。我们必须赶快到下一个阶段，因为如果我们不快些，大部分人都会在途中死去，剩下的人则会迷失在疑惑和恐惧的丛林里。因此，嫉妒尽管这样邪恶，造成的后果如此可怕，却不完全像是魔鬼。在一定程度上，它是英雄式的痛苦表现，受难者摸黑跋涉过黑夜，也许是为了抵达一个更好的安身之所，也许会走向死亡和毁灭。

　　要找到走出这种绝望的正确道路，文明社会中的人必须像扩展知识一般扩展心灵。他必须学会超越自己，这样才能在宇宙中获得自由。

有种理想主义理论认为，民主是最好的制度形式，我个人也认为该理论是正确的。但是在实际的政治活动中，没有一种理想主义理论能引起巨大的变革。用来驱动某些巨大变革发生的理论，实际上掩饰了背后真正驱动改变的情感。

聪明的人不会因为看见他人的富足而放弃自己既有的快乐。

要摆脱嫉妒，可以靠享受真实存在的乐趣，做好分内的工作，或是避免和想象中的人物比较。

嫉妒尽管这样邪恶，造成的后果如此可怕，却不完全像是魔鬼。在一定程度上，它是英雄式的痛苦表现，受难者摸黑跋涉过黑夜，也许是为了抵达一个更好的安身之所，也许会走向死亡和毁灭。

文明社会中的人必须像扩展知识一般扩展心灵。他必须学会超越自己，这样才能在宇宙中获得自由。

用理性检视我们的罪恶感

| 当你做了某件事，你的理性告诉你这件事并非邪恶，你却觉得悔恨，那你就该好好检视悔恨的成因。

　　我们在第一章已经稍稍聊过罪恶感，它是造成成年生活不快乐的重要心理成因之一，我们在这一章中要更全面地谈论这个话题。

　　关于罪恶的传统观念，不为现代心理学家所接受。传统观点（尤其是新教徒）假设，良知会告诉一个人他忍不住犯下的行为是不是罪恶的，认罪之后，这个人可能会承受两种不同的痛苦情绪：第一种叫作忏悔，不过光是忏悔无济于事；第二种，叫作悔改，可以洗清犯下的罪恶。在信奉新教的国家中，即便那些不再维持原先信仰的人，仍然或多或少接受对于罪恶的正统观点。

　　现代，也许是因为心理学研究，我们开始有相反的想法：不但那些非正统的人拒绝罪恶的旧教义，那些认为自己很正统的人，也开始这样做。良知已经不再是什么神秘的东西，也不再被视为神的声音。我们知道，符合良知的行为因地而异，但基本上来说，它和各地的社会习俗阐扬的观念是一致的。那么，当良知刺痛一个人的时候，究竟发生了什么事呢？

事实上，良知这个词语包含了很多不同的感觉。最单纯的一种就是害怕被揭发。你，我的读者，我相信你是坦荡荡的，不过你可以去问曾经犯下那种一旦被揭发就会被惩罚的罪行的人，看看他们会怎么说。你会发现，一旦事情即将败露，该人无疑会忏悔他的罪行。这样的情况大概不会发生在职业扒手的身上，因为那些扒手早就视入狱为避不掉的职业风险。这种情况常发生在那些受人尊敬却犯下错误的人身上，比如侵占公款的银行经理，或是被热情引诱而越轨的神职人员。这些人在罪行很难被发现的情况下，很容易就会忘记自己的罪行，但是一旦被发现或是有被发现的风险时，他们就希望当初能够坚守道德底线，这样的希冀让他们强烈地意识到自己的罪行是多么深重。

另外一种很接近的感觉则是害怕，害怕被群体驱逐。一个赌博作弊或是在名誉上有污点的人一旦被发现，他几乎不可能有勇气站起来面对众人的指责。他不像那些宗教改革者、无政府主义者和革命家，觉得无论现下的命运如何，未来仍与他们同在，现下的折磨会在将来成为荣耀，社会敌视的目光并不会为他们带来罪恶感。而一个认同社会价值的人，如果做了违反社会价值的事情，会因此相当不快乐，对于脱离社会的恐惧，很容易让这个人认为自己的行为是罪恶的。

但是要看清罪恶感的最重要形式，我们得探究得更深层些。它在无意识中扎根，但在意识中看起来不像是害怕被否定。在意识中，某些行为被无缘无故地贴上罪恶的标签，自我省思下却又看不出道理。当某个人犯下这些被称作罪恶的行为时，他感到不舒服，却又不知道为什么。他希望自己能够避免犯下他认定的罪恶行为，他只对那些他深信有颗纯洁的心的人给予道德上的钦佩。对于自己不能成为圣人，他或多或少感到遗憾。的确，他心中圣洁的概念在日常生活中几乎不可能实现。于是每日每夜，他背负着罪恶感过日子，认为最好的事总和自己擦身而过，生活中最崇高的时光是那些伤感、忏悔的日子。

这种罪恶感的源头可以追溯到这个人六岁以前，从母亲或是保姆处受到的道德教育。在那个年纪之前，他就知道说脏话是不对的，除了使用有教养的语言以外，其他的说话方式都不好。只有坏人才会喝酒，烟草更是和最高美德格格不入。他还学到，一个人绝对不能够说谎。在所有的教养之上，他还学到，应该屏除对性器官的任何好奇。他从母亲那边学到这些观念，却深深相信这是造物主的声音。得到母亲或是保姆宠溺的关爱，是生命中最重要的快乐，但是这样的快乐只有在他表现良好、不违背任何道德规范的情况下才有可能发生。因此，凡是母亲或保姆不认同的事情，都是非常不好的。等他渐渐长大，他会忘记自己的道德观是从何而来，也不记得当初违背道德规范时的惩罚为何，但是他没有忘记这些道德观念，违背这些道德观念时还是会感到恐惧。

这些婴幼儿时期的道德教育，大部分都缺乏理性的基础，无法适用于普通人的一般行为举止。举例来说，从理性的观点来看，很难证明一个使用"粗俗语言"的人比一个有教养的人坏。不过几乎每个人都认为，要成为一个圣人，就必须对脏话有所节制。从理性的角度去分析，这样的想法真的很荒唐。同样的情况也发生在酒和烟草上。南方国家的人不认为喝酒是罪恶，反而认为喝酒有罪的观念其实是对宗教不虔诚，因为大家知道上帝和他的门徒都饮酒。至于烟草，由于所有伟大的圣人都存在于烟草使用前的年代，人们很容易对其采取一种负面的态度。但是对烟草的负面态度一样不可能有理性的论证。认为圣人不抽烟的观点，完全基于圣人不会纯粹为了享乐而去做一件事情的假设。

一般道德论调中的禁欲观点存在于无意识里，但其运作让我们产生非理性的道德规范。在理性的伦理观上，只要不危害自己或他人，做一件可以带给人们快乐的事情是值得称道的，这里的人们也包括自己在内。如果我们摆脱禁欲的观点，那么一个享乐而不造成邪恶后果的人，就是拥有美德的人。

再想想说谎这件事。我不否认这个世界上确实有太多谎言，而若真诚多些我们也会变好。但是我不认可以下观点：每个理性的人不管在什么情况下都应该认为说谎是坏的。我在乡间散步时，曾经看到一只已然奔跑乏力的狐狸，但它还是勉强自己继续奔跑。几分钟后，我看到猎杀它的人。他们问我有没有看到那只狐狸，我说有。当他们问我狐狸往哪一个方向跑去的时候，我撒了谎。在这种情况下，我不认为说实话会让我变成一个更高尚的人。

不过，最重要的是，早期受到的道德教育在性方面也是对人有害的。在六岁以前，如果父母或保姆非常严格，罪恶和性器官的相关性会被强烈地灌输到孩子的脑中,之后,他穷其一生都很难摆脱这种念头。而这样的念头,又被俄狄浦斯式恋母情结复杂化,因为他不可能和童年最爱的那个女性发生任何性行为。这就导致很多成年男人认为性让女性降格,同时没有办法尊重他们的妻子,除非妻子厌恶性行为。但是有个冷冰冰的老婆,男人会到他处寻求本能的慰藉。然而,就算他即时刹车,这份本能的慰藉马上就会让他蒙上罪恶感的阴影,因此他无法在男女关系中找到快乐,不论对象是谁。女性如果被持续灌输"纯洁"的观念,结果也是一样。这样的女性在和丈夫的性关系上会持续保持冷感,且非常害怕从中得到快乐。然而,在现今的社会上,对女性的束缚已经不像五十年前那样了。

现在人们普遍意识到,对年轻人进行传统的性教育是有害的,于是人们在孩子进入青春期之前不再强调性道德,同时避免给孩子传达自然的生理机能有任何肮脏的想法。在这本书中,我更关注的是,一个成年人该如何减少不恰当的教育造成的不理性的罪恶感。

这里的问题和前面章节提到的问题一样,也就是该如何以主控我们意识的理性信念来说服无意识。学会不让自己的理性受情绪左右,一时相信一件事,一时又相信另一件事。

　　当意识因为疲劳、疾病、酒精或是其他原因而虚弱的时候，罪恶感更显得突出。人在这些时刻（酒醉时除外）的感受，特别会受到超我的启发。"恶魔生病了，即是成圣时"，但是认为虚弱的时刻比强健的时刻更能洞察事实，不是一件很荒谬的事吗？人在虚弱的时候，很难和婴幼儿期形成的观念相抵抗，但没有任何理由认为这种观念比成年人完全拥有自己的理智时的信念更可取。相反，当一个人精力充沛时，刻意用全部理智相信的观念，就应当成为他在任何时候都可信赖的准则。这样才有可能克服无意识的婴幼儿期的观念，同时运用正确的技巧换掉无意识中的内容。

　　当你做了某件事，你的理性告诉你这件事并非邪恶，你却觉得悔恨，那你就该好好检视悔恨的成因。让你意识中的信念足够蓬勃有力，它们就可以在你的无意识中留下足够强大的印象，可以对抗母亲或是保姆在你婴儿期灌输给你的那些观念。千万不要将就地接受任何在理性和非理性之间的选择，仔细地参透非理性，保持不屈服非理性的决心，别任其宰割。不论它怎么把愚蠢的想法或感觉植入你的意识，你都要马上将它们连根拔起，检视它们，然后拒绝它们。千万不要摇摆不定，一半随着理性，另一半随着婴幼期的愚蠢起舞。不要害怕抗拒那些控制你童年的记忆，那些记忆之所以看似强大又有智慧，只是因为当时的你既虚弱又愚蠢，现在你两者皆不是，是时候好好检视它们了，好好考虑它们是否真的值得你尊重。

认真地问自己，这个世界真的因为那些人年轻时接受的传统道德教育而变得更好吗？想想看有多少传统认定的道德之士借着迷信来妆点自己，再想想，我们付出昂贵的代价来处理假想的道德危机，却忽略了一般成年人暴露出的真正的道德危机。什么是一般人容易受诱惑而产生的偏差行为？商业上的欺诈，对职员的粗暴，对妻子和孩子的残忍，对竞争者的恶意，在政治界的恶斗——这些都是在值得尊敬或是被尊敬的人身上常见的具伤害性的罪恶。借着这些罪恶，一个人可以在他活动的圈子里散播苦难，最终摧毁文明。然而，这一切却不会使他在生病的时候觉得自己被社会遗弃；也不会让他在睡梦中见到母亲非难的眼神。为什么他潜意识中的道德观全然和理性脱节？因为那些从婴幼儿时期就根植的道德观是愚蠢的，因为那些道德教条不是根据个人对社会的责任而定的，而是由以往非理性的陈规陋习中衍生出来，而且还包括了根源于颓败中的罗马帝国的精神病态。我们标榜的道德是由牧师和被道德感囚禁的女人所制定的。该是拥有正常生活的正常人起身推翻这些荒谬信念的时候了。

不过，如果要让推翻成功到可以带给人快乐，让一个人可以照某个标准坚定不移地生活，而不是在两种标准间游移不定，这个人必须深度地思考并认真地去感觉他的理性到底在告诉他什么。大部分人认为，只要丢弃幼年时的迷信，就没什么可做的了，但是他们没有了解到这些迷信还是在暗处埋伏着。当某个观念取得理性的认定时，我们就必须好好保护它，彻底实践它，好好地检视自己，看看还存在着哪些和这个认定不一致的信念。当罪恶感强烈的时候，不要把它视为更高水平的东西，给予自我启示的时候，要把罪恶感当作疾病、弱点，除非这份罪恶感的成因根源于理性的道德观会谴责的行为。我并不是建议一个人该舍弃道德观念，而是认为人必须摆脱迷信的道德观，这两者非常不同。

不过，就算一个人做了和自己理性的道德意识相违背的事情，我也不认为罪恶感能为他带来更好的生活方式。在罪恶感中有一股卑劣的、缺乏自我尊重的成分。一个人如果缺乏对自我的尊重，是做不出什么好事情的。一个理性的人会同等地看待自己和他人的不合宜行为。要避免这些行为的发生，要不就对其不合宜性有彻底的认识，要不就得避开会引起这些不合宜行为的环境条件。

罪恶感不是美好生活的成因，而是其阻碍。它让人不快乐、自卑。当一个人不快乐，他就很可能会向其他人提出过分的要求，那么他就更无法在人际关系上享受到快乐。当一个人觉得自己差人一等，他就会怨恨那些看起来比较优秀的人。对他而言，钦佩很难，嫉妒很简单。他会变得难相处，愈来愈孤单。

对他人开放并且慷慨的态度，不但会让他人快乐，也会让自己开心，因为这样的态度会让你人缘良好。但是一个被罪恶感追着跑的人，是很难有这种态度的。这种态度是镇静和自主的结果，而且需要心智的整合来成就。所谓心智的整合，我指的是一个人与生俱来的层层面貌，像是意识、潜意识和无意识，都能和谐地运作，没有持续不断的互相斗争。大部分时候，良好的教育可以制造出这样的和谐，但是如果欠缺妥善的教育，想要得到这样的和谐就比较困难了。以下是心理分析师会尝试的过程，但是我相信在大部分的情况下，病人可以自己来，只有在情况非常严重时才需要专家的协助。千万别说："我才没有时间做自我心理分析，我忙得不得了，我必须让无意识自己运作。"

我并不是说一个人需要特意腾出一天一小时来好好检视自己，这绝不是最好的方法，因为会加深自我陷溺，而这本身就是一种需要治疗的疾病。健全和谐的个性是外向、直接的。我的建议是，一个人应该认真建立自己的意念，让它与理性相信的方向一致，不要让任何非理性的信仰不经过检视就占据自己的心灵，时间再短都不行。这是要求一个人在受到诱惑、回到婴幼期状态的时候，和自己进行理性的对谈，只要这份对谈够断然够坚定，过程可以非常短暂，几乎不需要花什么时间。

很多人都不喜欢和理性打交道，那么我所说的事情，对他们来说是和他们不相关或者不重要的。很多人认为，如果让理性驰骋，那么这份理性会杀掉深层的情绪。在我看来，这样的想法起因于人们对理性在人类生活上的作用的错误认识。理性并不会降低情绪的强度，虽说理性的一部分功能是要找出造成危害的情绪并加以避免，找出减少仇恨和嫉妒的方式。但是如果这样就认为理性在降低情绪的强度，那就错了。

热烈的恋爱、父母的爱护、友谊、仁爱、对科学和艺术的奉献，这之中没有一个是理性会压抑、消除的。一个理性的人，当他感觉到任何上述的情绪时，都会感到快乐，也绝不会做出降低其强度的事情，因为这些情绪都是美好生命的一部分，这样的生活可以带给自己和他人快乐。在上述热情中没有不理性的部分，但是很多不理性的人只能察觉琐细平庸的情感。没有人担心成为一个理性的人会让自己的生活无味，结果其实恰恰相反，因为理性主要由内部和谐所构成，达到内部和谐的人，比起那些被内在的冲突、矛盾包裹住的人，更可以自由地审视、思考这个世界，更可以使用他的能量来达到许多外在的目标。没有比被自我束缚更无趣的事，也没有比将自己的注意力和能量转向外在世界更让人精神振奋的事了。

我们传统的价值观已然过度地自我中心化，而罪恶感正是不明智地将注意力集中在自己身上的体现。对于那些从来没经历过被错误的道德观激起主观情绪的人，讲理性可能是白费工夫。但是对于那些曾经感受到那种像生病的感觉的人，理性正是治疗这疾病的必需品。也许感觉生病是心理发展必经的历程，我相信，那些靠着理性渡到彼岸的人和那些没有感觉过生病或经受过疗程的人比较起来，层次更高。现今社会之所以对理性有仇视的态度，是因为没有在基础层面上好好检视理性的运作。有分裂型人格的人，他们会寻求刺激和可以转移注意力的事情。他们喜爱强烈的感情，这种偏好并不是建立在健全的理性之上，而是因为强烈的感情可以将他们带离自我，也让他们避免了思考的痛苦。任何热烈的情感都会带给他们一种酒醉的感觉，因为他们无法体会根本的快乐，只有麻痹自己才有可能减轻痛苦。然而，这是弊病深植的征兆。当这样的弊病不存在时，当对自己的官能有更完整的掌握时，即可以得到更多的快乐。只有当你心灵最活跃的时候，被遗忘的事情最少的时候，你才能享受巨大的快乐——这是最好的快乐的试金石之一。那些需要透过麻痹才能得到的快乐，是虚假且无法满足人心的快乐。真正令人满足的快乐伴随活跃的官能和对世界的充分认识而来。

当某个观念取得理性的认定时，我们就必须好好保护它，彻底实践它，好好地检视自己，看看还存在着哪些和这个认定不一致的信念。

我并不是建议一个人该舍弃道德观念，而是认为人必须摆脱迷信的道德观，这两者非常不同。

一个人应该认真建立自己的意念，让它与理性相信的方向一致，不要让任何非理性的信仰不经过检视就占据自己的心灵。

理性主要由内部和谐所构成，达到内部和谐的人，比起那些被内在的冲突、矛盾包裹住的人，更可以自由地审视、思考这个世界，更可以使用他的能量来达到许多外在的目标。

我们传统的价值观已然过度地自我中心化，而罪恶感正是不明智地将注意力集中在自己身上的体现。

被迫害妄想

▌ 被迫害妄想的根源在于对自己长处的过分美化。

　　有严重被迫害妄想症的人看起来就像精神错乱了。有些人总幻想着别人要来追杀他们、囚禁他们，或者对他们造成严重伤害。为了保护自己免受这些幻想中的攻击，这些人容易有暴力行为，进而可能导致他们的自由被剥夺。这种精神错乱，和其他种类的精神错乱一样，只是一般常见的心理偏差中的极端形式。我并不想讨论被迫害妄想的极端形式，因为那是心理医生的工作。在这里，我想要讨论较轻微的被迫害妄想，因为这是造成不快乐的常见成因，同时因为症状还轻，只要病人能够正确诊断自己的问题，同时认识到问题的根源在自己身上，而不在那些假想的敌人身上，就能自然好转。

　　相信大家对这样的人都很熟悉，这些人总认为自己是他人不知感恩、不仁慈或者背信忘义的受害者。这样的人讲起他们的不幸总是煞有介事，同时很容易得到刚认识不久的人的同情。他们述说的不同故事、抱怨受到的不公平对待，独立来看都是合理的，也的确存在于这个世界中。但是到最后引起怀疑的是，这些人为什么特别不幸，遇到这么多的坏人？

从概率来看，生活在这社会上，每个人遇到坏事的概率应该相去不远。如果某个人宣称自己总是受到不好的对待，那么问题很有可能出在他自己身上，他可能幻想出了一些没有真正发生过的伤害，或者是他下意识表现出来的态度导致他人无法遏制地心烦。有经验的人开始怀疑那些宣称自己总是遭受不公平对待的人，而这样的怀疑显得缺乏同情，这就使那些认为自己不幸的人更加认定全世界都和他作对。这个问题有点棘手，因为同情的给予或缺乏都会加剧这个问题。一个有被迫害妄想的人，一旦发现有人相信他的故事，就会继续添油加醋，直到他的信用耗尽为止；而如果没有人相信他的故事，那么他会认为大家果然冷酷无情。

这种症状可以透过理解治愈，但是必须让有迫害妄想症的人自己理解才行。在这一章节，我的目的是给予一些普遍的自省方法，让大家用来鉴定自己是不是有被迫害妄想（每个人多多少少都有一些），一旦鉴定出来，就可以设法消除之。这是追求快乐很重要的一环，因为如果我们认为每个人都对我们不好，我们如何能快乐呢？

几乎每个人都有一种非理性的行为，那就是热爱八卦。很少有人可以忍住不说相识的人，甚至一些朋友的闲话。但是当听到别人对自己的不好评价时，他们马上怒不可遏。显然他们没意识到：别人在背后议论他们的行为，正如同他们自己也总在背后议论人家一样。不过这还是轻微的，严重的时候就是被迫害妄想了。我们希望他人像我们对待自己一般温柔、尊敬，却没有想过，我们怎么能期望他人对我们的评价比我们对他人的评价还要高？而我们之所以不会这样想，是因为我们觉得自己的优点伟大且明显，而他人的优点（如果有的话）只有宽厚的人才能发现。

当你听到某人曾经说你的闲话，你马上便回想起那九十九次可以给他最公正、妥当的批评却忍住没有说，而完全忘记在第一百次时你未经思考就脱口而出的评论。你问自己，这就是忍了这么久之后得到的报偿吗？但从那个人的角度看来，他并不知道你没有批评他的那些时刻，他只看到那第一百次你对他的批评。

如果我们都有读取他人心思的神奇力量，那么我想首先会发生的大概就是友谊的全面瓦解，但接下来也许会有正面的效果，因为一个没有朋友的世界是令人难以忍受的，我们应该学习如何互相欣赏，不必用幻想的面纱遮掩自己从未把对方视为完美无缺的想法。我们知道朋友有些缺点，尽管如此，我们也明白他们终究是我们喜欢的、投合的朋友。然而，我们不能忍受对方也这样想我们。我们希望别人觉得我们与众不同、完美无缺。当我们被迫承认自己的缺点时，通常意味着我们把那些缺点看得太严重了。没有人是完美的，所以我们不应该因为自己的不完美而感到沮丧。

被迫害妄想的根源在于对自己长处的过分美化。假设我是个剧作家，我会说，对每个公正无倚的人来说，我都明显是这时代中最有才华的剧作家。但是由于某些原因，没有什么人上演我的作品，而当我的作品终于在戏院上演，却很少得到成功。要怎么解释这些奇怪的情形呢？显然经理人、演员和评论家合起来对付我。而背后的原因还是出在我身上：我拒绝向剧场界的重量级人物卑躬屈膝，我也不谄媚评论家，我的剧作中充满逆耳忠言，以至于那些被打击的人无法接受。所以我的旷世杰作注定要被埋没。

或者有个发明家的作品总是得不到他人的青睐。工厂自有一套机械的作业方式，是不会考虑任何发明的；而那些较进步、有研发单位的工厂有自己的发明家，那些发明家成功地把"未经认证"的天才发明家挡在门外。学术机构也够怪的，要不就遗失人家的手稿，要不就连读都没有读就将原稿退回。投诉者也总是只能换回不负责任的沉默。要怎样解释这些事情呢？显然有一群人早就准备好要瓜分发明带来的成果，不属于这个团体的人，是不会被理睬的。

然后还有这样的一类人，这些人根据存在的事实产生一种真正的悲哀，却仅仅依据自己的体验得出结论，认为自己的不幸说明了世间的一切问题。让我们假设，他发现一些关于秘密特勤局的丑闻，但是因为政府要维持自身的利益，丑闻被封锁。他找不到渠道公开这些发现，而那些看似高尚的人拒绝在这些事上花任何工夫，于是他愤慨了。也许事实是像他说的那样，但他受到的挫折让他相信，所有当权者都在费心遮掩他们在获取权力的过程中犯下的罪恶。诸如此类的案例还真棘手，因为其中的确存在部分事实。那些他真实经历过的事，比世界上他尚未接触过的其他事情更令他印象深刻。他的看法因此失衡，让他对一些可能是特例而非常例的事件过度关注。

另一种也算常见的被迫害妄想的受害者，是那些老是强迫别人接受他们好意的慈善家，这种人常因为对方不感恩而感到惊讶、害怕。我们做好事的动机通常不如我们自己想象的那么单纯。我们对于权力的爱好会潜伏、伪装成很多不同的样貌，但通常那就是我们认为做了好事之后感到快乐的根源。

行善经常掺有其他成分，做"好事"对人们来说通常包含剥夺其他乐趣，像是饮酒、赌博、游手好闲等等。在这里头包含了社会道德观的一种典型观念，也就是嫉妒那些可以做坏事的人，尤其是我们必须节制自己来赢得朋友的尊重。那些提倡推行禁烟法（相信我，在美国很多州都有这样的法令）的人，很显然都是非吸烟者，对于他们来说，别人从吸烟得到的享乐是他们痛苦的来源。如果他们希望之前吸烟的朋友能够派代表来感谢他们帮助自己戒除烟瘾，那他们可要失望了。他们也许开始沉思，自己将生命投入社会公益，但是那些活动的最大受益者却一点都不心存感激。

像这样的情况也常常发生在女主人捍卫女仆的道德操守上，不过现今主仆关系问题已相当尖锐，这种对女仆的仁慈举动已然少见。

在高层的政治圈子里，也存在这样的情况。一个集中一己力量，让自己为高贵的目的献身的政治人物，牺牲了自己的舒适，走进了人民的生活，结果却惊讶地发现人民居然开始反对他，对他的努力一点都不心存感激。他从未想过自己的行为除了为人民服务之外还有其他动机，或许从对公众事务的掌控中得到乐趣，才是他真正的行为动机。在演讲台上惯用的词语和在政党的宣传中使用的文字，对他来说已成为真理，他误把那些文字当作对自己动机的真诚分析。因为反感和失望，在世界离弃他之后，他也离开了世界，同时心中深深后悔，他居然会走上这条为不懂感激的公众服务的道路。

上述的几个例子，让我们得以找出四个通用的方法，如果真正了解这些方法的含义，就可以适当地避免被迫害妄想。第一，记住你真正的动机绝不会像它们看起来那般利他。第二，不要过分估量自己的优点。第三，不要认为他人会像你对自己一样对你感兴趣。第四，不要老认为别人要打你的主意，甚至是要迫害你。接下来让我对这几个方法做一些阐述。

检视自己的真正动机对慈善家和领导人尤其重要。这些人对于世界或部分世界该如何发展很有见地，同时他们认为（这些想法有时对有时不对），让别人了解他们的想法会为人类或部分人类带来福音。然而，他们却没有恰当地了解到，那些被他们行为影响的人也有同等的权利表达自己对世界的看法。一个领导人往往相当确定他的看法是正确的，与之相反的就是错误的。但一个人的主观判断并不能证明他在客观上是正确的。他的信仰只是伪装，其真正面目则是他在思考以他为中心的改变所带来的乐趣。

在对权力的喜爱之上，还有另外一个动机——虚荣，在这样的例子里，虚荣起了很大的作用。那些代表议会的高尚理想家——这是我个人的经验——相当惊讶地发现，有些选民会对他冷嘲热讽，认为他追求的荣耀只是虚荣地在名字后面加上国会议员的头衔。当竞选结束，他有时间思考的时候，他会想也许那些刻薄的选民是对的。理想主义让简单的动机穿着奇怪的伪装，因此有时候一些突如其来的真实批评不会让那些公众人物感到不对劲。传统的道德观在一定程度上给人们灌输了利他主义，这种利他主义并不是人类天性中所具备的，而那些以自己的美德为荣的人，时常想象自己已经达到这高尚的境界。

大部分人（包括那些所谓的圣贤）都有利己的动机，这样没有什么不好，因为如果没有利己的动机，人是没有办法存活的。一个尽全力让别人温饱却忘记自己吃饭的人，终究会死亡。当然，也许他会吃一点，只为了有能量再跳入和邪恶的奋战中，但是这吃到嘴里的食物究竟能否被好好消化是很可疑的，因为唾液的流动得不到充分的刺激。为了对食物的喜爱而吃饭才是比较好的做法，不要只是为了有力气投入公益而吃饭。

适用于吃饭的道理也适用于其他事情。任何需要完成的事，如果想做得好，都需要由热情来驱动，然而热情很难在没有利己的动机下产生。这里所谓利己的动机，其对象也包括那些在生物学上和自我连结的人，像是本能地保护妻儿不受敌人的侵害。这样程度的利他是属于正常人类天性的一部分，但是传统伦理观中的利他则不是，很少人能够真诚地达到该种程度。因此，那些想要对自己的道德行为有很高评价的人，必须相信自己已经达到无我无私的境界，但事实上，人们不太可能达到这样的标准，那么，成为圣人的代价就是自我欺骗，而这样的自我欺骗很容易导致被迫害妄想。

第二个方法告诉我们，别高估自己的优点。前文已经涵盖高估自己道德的部分。但是道德以外的其他优点仍然不该高估。从来没有成功作品的剧作家应该冷静地思考自己的作品是不是不够好。他不应该因为不认同这个假设就立刻排除它。他如果发现事实确是如此，就该像一个懂得归纳推理的哲学家，接受这个假设。

当然，在历史上的确有不被认可的佳作，但是这样的例子远远少于被认定的坏作品。如果一个人真的是被时代辜负的旷世天才，那么即便不被认可，坚持下去也是正确的。如果，他只是因为虚荣心作祟，实际上一点才华都没有，那么别坚持下去才是明智的。在一个人苦其心智地想要创作不被认可的作品的情况下，当然很难分辨这究竟是第一种情况还是第二种。如果你属于前者，那么你的坚持带有英雄气概；但如果是后者，那么这份坚持就显得滑稽了。如果你觉得自己是个天才，但是你的朋友觉得你不是，倒是有个方法可以一试：你创作的理由是心中有澎湃的激动，让你渴望表达某些想法或情感，抑或只是渴望获得掌声？对于真诚的艺术家而言，虽然他们也同样强烈地渴望掌声，但掌声是次要的。真正的艺术家首先希望的是能够创造出某件作品，其次才是寻求认可。即使别人的认可和掌声没有随之而来，也不会因此改变作品的风格。相反地，一个把掌声放在第一位的创作者，他心中不会有力量驱动他创作出具独特艺术表现形式的作品，而且对他而言，从事与艺术家完全不一样的工作也没有什么差别。这样的人如果未能通过艺术获得认可的掌声，最好还是放弃。

同时，把范围扩大一些。不管你身处哪个位置，如果你发现他人对你能力的评价不像你自觉的评价那般高，最好不要太有自信，觉得错的一定是他们。如果你让自己这样想，那么你很容易就会陷入一种以为背后有某种阴谋在阻挠自己成就的幻想，这种认知一定会变成不快乐的源泉。承认自己的成就不如想象中那么伟大，可能很痛苦，但是那痛苦有个终点，过了那个点之后，快乐的生活就再度变得可能。

第三个方法是，别对他人希冀太多。过去常见的一种情形是，一个生病的老太太，期望至少有一个女儿愿意牺牲自己的生活，全心全意地照顾她，就算牺牲女儿的婚姻也可以。这样的想法是另外一种违背常理的对利他主义的期望，因为对利他者（女儿）造成的损失远比利己者（老太太）获得的好处还要大。在和他人（尤其是那些和你最亲近的人）相处时，非常重要却时常被忽略的是，他们看待生命的角度，以及生命触及他们的自我的方式，和你的角度、你被触及的方式是不一样的。任何人都不应当期望他人牺牲自己以成就另一个人。也许在某些特殊情况下，强烈的情感会让再伟大的牺牲也变得自然而然，但是除此之外，任何牺牲都是不应该的，而且也没有人应当为没牺牲自己而受到责难。人们对别人行为的抱怨，说穿了也不过是自身的过度膨胀，以及利己者为了自利而做出的自然反应罢了。

我们提到的第四个方法是，要认识到"他人比你花更少的时间来考虑你的事情"。疯狂的被迫害妄想症患者认为所有的人，从早到晚无时无刻不在盘算如何让可怜的自己更悲惨，而事实上这些人都各有各的职业与兴趣。情况比较轻微的被迫害妄想症患者则认为，周遭的一切行动都和他有关，但事实并非如此。这样想当然满足了自我的虚荣心。如果他够伟大，这样的假设可能正确。英国政府花了很多年时间在阻挠拿破仑。但是一个总想着他人在打自己主意的小人物，可能正在走往精神错乱的路上。假设在某个公开晚宴上，你发表了一场演说，而一些其他演说者的照片被刊登在报纸上，但是偏偏漏了你的照片，这该怎么解释呢？你认为，显然不是因为其他的演说者比较重要，而是因为他们对你的重要性感到害怕，才刻意去掉你的版面——这样的想法让你将未刊出照片之事的原因从轻忽怠慢扭曲成赞美。但是这样的自我欺骗不可能让你真正快乐。在你心底，你会知道事实恰恰相反，为了把这个事实推到离你最远的地方，你只能构思出更多华丽的假设。要设法让自己相信这些假设，所需要花费的力量相当可观。同时，因为其中包含你觉得自己是众人普遍仇视的对象这个假设，你会产生痛苦，感到和这个世界格格不入。建立在自我欺骗的基础上的满足是不可靠的，所以，不管事实如何让人痛苦，最好还是勇敢面对它，习惯它，然后你就可以重塑自己的人生了。

我们知道朋友有些缺点，尽管如此，我们也明白他们终究是我们喜欢的、投合的朋友。然而，我们不能忍受对方也这样想我们。我们希望别人觉得我们与众不同、完美无缺。

我们做好事的动机通常不如我们自己想象的那么单纯。我们对于权力的爱好会潜伏、伪装成很多不同的样貌，但通常那就是我们认为做了好事之后感到快乐的根源。

第一，记住你真正的动机绝不会像它们看起来那般利他。第二，不要过分估量自己的优点。第三，不要认为他人会像你对自己一样对你感兴趣。第四，不要老认为别人要打你的主意，甚至是要迫害你。

任何人都不应当期望他人牺牲自己以成就另一个人。

与环境格格不入的人

> 当大环境愚蠢、充满偏见或残忍的时候，和它格格不入反而是好的。

很少人能够快乐，除非他们的生活方式和对世界的看法能够得到周遭人的认同。现今的社会有很多不同的族群，而每个族群之间在道德和信仰方面有着深刻的差异。这种状况始于宗教改革时期，也有人说始于文艺复兴时期，此后变得更加明显。新教徒和天主教徒不但在神学上有分歧，在许多实际问题上也非常不同。所谓的贵族，被允许拥有特权，而这是资产阶级无法容忍的事情。还有不拘教义的人或自由主义者，他们不理会宗教的责任。如今在欧洲大陆，我们可以观察到，从政治观点到生活层面的看法，社会主义者和其他人有着显著差异。在英语系国家，族群之间也同样有分歧。有的人崇尚艺术，有的人认为艺术是魔鬼，尤其是现代艺术。有的人认为对帝国效忠是最高美德，有的人则认为那是罪恶的，也有的人认为那根本就愚蠢至极。传统的人认为通奸是一种严重的罪恶，但如今有许多人认为，通奸虽然不是好事，但可以被原谅。对天主教徒而言，离婚是要绝对禁止的，但是非天主教徒则接受离婚是缓和婚姻制度的必要方式。

对于世界的看法有这么多的分歧，因此，一个具有特定品位和兴趣的人，可能完全不被某个社群接纳，而在另外一个社群里，这个人可能被认为再正常不过。很多不快乐（尤其在年轻族群中）就是这样产生的。一个年轻男孩或女孩，可能突然有些异想天开的念头，却发现这样的念头在他所处的环境中是被禁止的。年轻人很容易就认定所处环境就代表整个世界的样子。他们很难想象，他们在这个环境下怕违背规范而隐藏的观点，在另外一个地方或社群中却是很平常的。

由于对世界的无知，人们承受了太多不必要的痛苦，有些人只在年轻阶段才这样，但是一辈子痛苦的情形也很常见。这样的孤立感不仅是痛苦的来源，也让他们为了保持在不友善的环境中的精神独立性而耗费大量精力。这种孤独者，有百分之九十九都不敢追随自己的逻辑推论而产生的想法。勃朗特姐妹在她们的书籍出版前，从未遇到过意气相投的朋友。这点可没有影响到艾米莉，她勇敢而且有大家风范，但是这的确影响到夏洛蒂，尽管她才华横溢，在很大程度上，她的想法还是没有超出一个家庭教师的水平。威廉·布莱克和艾米莉很像，生活在极度孤独的环境中，但也具备足够的勇气克服环境带来的负面影响，因为他从不怀疑自己是正确的，而批评者是错误的。他用以下的诗句来表达对舆论的看法：

唯一一个我知道
却不会让我作恶的人
弗赛利：他是土耳其人也是犹太人
那么，亲爱的基督教徒朋友，你又要怎么做？

很少人心中有这么巨大的力量。人们普遍需要生活在投合的环境里才能得到快乐。当然，对于大部分人而言，他们的生活环境都是合宜的，在他们年轻的时候，他们吸收社会的偏见，然后让自己适应周遭的信仰和习俗。但是对于很多有智识或有艺术感知的异数分子来说，他们无法认同这种对环境默许的态度。让我们假设，某个人出生在小城镇里，这个环境对于所有可以促进心灵卓越的事物都充满敌意。他如果想要读一些严肃的书籍，别的孩子会唾弃他，老师们则会告诉他这样的念头会扰人心智。他如果关心艺术，他的同侪会认为他缺乏男子气概，他的长辈则认为他品行不佳。他如果想要成就某种事业，尽管备受尊崇，但是在他所属的圈子里非常罕见，别人会说他异想天开，承继父亲的事业才最适合他。他如果展现出任何批评父母信仰的宗教或是政治立场的倾向，他很快就会发现自己身陷在麻烦的泥沼里。因为这种种原因，大部分天赋异禀的人，青少年时期都很不快乐。而才能平庸的同侪则享有充满欢乐的时光，但是他们若想寻求更严肃的东西，是无法在这个他们随机降生的环境中的长辈或是同侪身上找到的。

这样的年轻人，也许在上大学的时候可以找到志趣相投的同学，享受快乐的时光。如果幸运，离开大学以后他依然可以成功地找到相投的工作伙伴。一个住在大城市的知识青年，一般都可以找到相契合的团体，在这里他们不需要压抑或伪装自己。但是如果他的工作让他居住在一个小地方，而且又是个需要对普通人尊敬、顺从的行业，举例来说，像是医生或者律师，那么他也许这一辈子都需要在日日见到的面孔前隐藏自己真正的兴趣和想法。

这样的情况在美国尤其明显，因为美国实在太大了。无论东西南北，总能在某个不经意的角落找到寂寞的人，这些人从书上得知，也许在别的地方他们不会再感到寂寞，但他们并没有机会在这样的地方生活，只有少之又少的机会能享有投机的对谈。在这样的情况下，这些不如布莱克和艾米莉·勃朗特坚强的人，便不可能得到真正的快乐。如果要让快乐成为可能，必须找到某种可以减少或是回避舆论暴力的方法，让那些有才华的少数人可以互相交流，在其中找到乐趣。

在很多情况下，不必要的胆怯会把麻烦变得更严重。舆论总是对那些怕它的人显露出暴行，却较难对那些漠不关心的人造成伤害；狗总是对那些惧怕它的人吠得更凶，随时准备出口咬人，但对那些鄙视它的人则不敢轻举妄动。人类社会也有这样的特性，如果你对别人显露出害怕，等于是告诉他们你是绝佳的猎物，但如果你表现得漠不关心，他们会怀疑自己的力量，不敢对你轻举妄动。当然，我无意提倡极端的轻视态度。如果你在肯辛顿鼓吹俄罗斯的观点，或在俄罗斯抱持着肯辛顿的价值观，就得准备接受可能的后果。

先不看这么极端的例子，让我们假设一些轻微的背离正统价值观的行为，像是没有照所属教会规定的方式穿着，或是执意阅读一些严肃的书籍。如果是以轻松、漫不经心的态度，不挑衅且完全随性地做出这些轻微的行为，那么即使是最保守的社会也会容忍。这样的行为或许会为这个人招致狂人的标签，但有标签的人比起没有的人更容易被宽恕。这是因为，对人们来说，真正重要的是友善与否，而非行为本身。那些服膺正统的人，之所以会被他人违背正统的行为所激怒，是因为他们认为该行为是对他们的批评。如果背离正统的人态度足够友善，让即便是最愚蠢的人都知道他们的目的不是在批评，那么就没有人会对他们介意了。

然而，对于那些因为自己的品位或观点而与大众格格不入的人来说，这种逃避指责的办法是不可行的。因为缺乏大众的认可，这些人坐立难安，就算他们表面上看起来在设法避免尖锐的冲突，内心却已按捺不住争斗的情绪。和所处社群格格不入的人，容易挑剔、不舒服，也很难有幽默感。这些人如果被置于一个不认为他们观点奇怪的社群，他们似乎就完全变成另外一种人。从严肃、羞涩或是孤僻，变得愉快且有自信；从棱角分明变成圆融且易于相处；从以自我为中心变成喜欢社交、活泼外向。

因此，年轻人如果发现自己和所处的环境格格不入，一定要选择有机会找到志趣相投者的行业，哪怕收入会大大减少。很多时候，他们不知道这样做是可行的，因为他们对世界的认识不够，认为家乡的偏见代表了全世界的现象。因此，他们需要长辈的协助、指导，因为这需要相当多的人生历练。

　　现在在心理分析学上有种很常见的说法：当一个年轻人和所处的环境不合时，原因一定是这个年轻人有某种心理障碍。在我看来，这种说法大错特错。举例来说，假设一个年轻人的父母认为演化论根本就是无稽之谈，那么让年轻人和他的父母不合的唯一原因就是知识水平的差异。和所处的环境格格不入当然是种不幸，但是并不代表一定要不惜一切代价来避免它发生。当大环境愚蠢、充满偏见或残忍的时候，和它格格不入反而是好的。况且，不管哪一个大环境都或多或少发生过类似的状况。伽利略和开普勒有"危险的思想"（日本人是这样形容的），我们时代里最有智识的人也都有。社会普遍认可的价值观不应该如此强大，强大到使不认同它的人害怕，使他们的言论引发社会的敌视。我们应该找到方法，尽可能地减弱这种敌视的力量。

在现今社会，舆论的危险力量主要危害到的族群是青少年。如果某个人在适宜的环境下发展适宜的事业，那么他多半能摆脱社会舆论的迫害。只是当他还年轻、还在培养己身能力的时候，他未来的发展完全掌握在一群无知的人手里，这些人认为自己有能力对一无所知的议题下判断，如果有人说这个年轻人比他们更有见识，他们马上就会被激怒。很多人必须经过好长一段时间的抗争和压抑，才能终于挣脱无知的暴力，但这个过程十分辛苦，也相当耗神费力。

有一种安慰人的说法：天才总会找到出路。基于这种说法，很多人认为，对于青少年才干的迫害不会有太大的害处。但是这种说法没有依据。就好像我们相信恶有恶报，杀人者必会受惩。当然，我们只看到那些被逮捕的杀人犯，但是天知道还有多少在暗处？同样，我们看到的都是那些冲破逆境的天才，但是没有理由不假设有很多人在年轻时就屈服于环境。另外，这不仅仅是关于天分的问题，还有才干，才干对社会一样重要。而且这不仅仅是关于能否突破逆境的问题，还必须不受摧残，保持能量，突破逆境。因此，我们不应该把青少年的成长之路铺设得困难重重。

年长者应该尊重年轻人的愿望，这是可取的；但是反过来，年轻人也应该尊重年长者的愿望。理由很简单，因为在两种情况下，我们都是站在年轻人的立场，而不是年长者的立场来考虑。当年轻人想要规范年长者的生活时，举例来说，反对丧偶的父母再婚，这跟年长者想要规范年轻人的生活一样，是不对的。不管是年轻还是年长，只要已经达到独立的年龄，都有自己选择的权利，必要时也有犯错的权利。如果年轻人在重要决定上屈从年长者给予的压力，那么年长者有其过失。举例来说，假设你是个渴望舞台表演的年轻人，而你的父母亲反对，他们的理由也许是舞台不是有道德的人该去的地方，或者是演员的社会地位低下。他们可能给予你各种压力，告诉你若执意这么做，就要与你切断亲子关系。他们还说你过几年就会后悔，还告诉你有的年轻人因为轻率地做了自己的选择，最后却没有什么好下场。当然，他们认为舞台不适合你的看法，也有可能是正确的，因为你可能没有表演天赋，或者你的声音并不好听。但是如果这是真正的理由，很快你就会得到印证，那时候你还有足够的时间发展其他的事业。父母的论调不应该成为你放弃尝试的主要理由。如果不管他们怎么说，你还是坚持自己想要做的事，他们很快就会改变想法，而且这一转变往往比你或他们想象的都快。不过，要是专业人士的意见很不乐观，那就另当别论，因为专业意见是值得听取的。

我认为大家都对专家以外的意见太过看重了。对于舆论的尊重程度，只要能够避免挨饿或者是牢狱之灾就可以了，对舆论的过分尊重等同于自愿对不必要的暴力低头，而且会妨害幸福的获得。就举消费为例，很多人花钱都不是花在嗜好上，只因为他们认为自己有辆好车、有能力举办盛大的晚宴才能得到邻居的尊重。但事实上，一个摆明可以买得起好车却宁愿把钱花在旅行或藏书上的人，更会赢得尊重。但是，刻意藐视舆论也不必要。对舆论表现出真诚却不受其影响的态度，不但是有力量的表现，也是幸福的源泉。而且，一个由不对正统卑躬屈膝的男女所组成的社会，比起一个整齐划一的社会来得有趣多了。在这样的社会里，每个人的个性都得以舒展，各种特色都能被保留，新的朋友变得更有价值，因为他不会是上一个认识的人的复制品。这曾是贵族社会的特权之一，血统决定了他们背离的行为能被社会所允许。但在现今的社会里，这样的自由却失去了凭借，因此，我们更需要去了解一个同质性太高的社会背后的危险。我并不是建议我们应该刻意表现得离经叛道，这样做和事事合乎正统一样无趣。我想要说的是，人们应该顺其自然、随性行事，只要这些想法不是刻意和社会作对即可。

现今社会由于交通便利，人们不需要依赖近邻了。那些有车的人，二十里内的居民都可以是他的邻居。因此，和以往比较起来，他们更有权利选择同伴。在一个人口密集的社区里，如果一个人在方圆二十里内找不到兴趣相投的朋友，那他的运气还真是不好。人们需要认识近邻这个观念在大城市里已经不存在了，不过在小城镇和乡下依然存在。这样的观念在当下显得有些愚蠢，因为社会交往已不再依赖近邻。和志趣相投的伙伴在一起，是增进快乐的方式。也许可以期待社交方式更往这个方向发展，也借此方式减少不守旧者的寂寞。这无疑会增加这些人的快乐，而减少那些喜欢摆布非正统者的人的乐趣。但我认为我们不必为后者担忧。

害怕舆论和畏惧其他力量一样，具有压迫性且阻碍成长。当这种害怕的力量仍然强大的时候，你是很难完成任何伟大成就的；同时，也不可能得到构成真正的幸福的精神自由。要获得这种幸福，我们的生活必须由内心深处的渴望所驱动，而不是取决于刚好成为我们邻居的那些人的欲望和想法，也不是取决于我们所拥有的人际关系。

当然，现代人已不像过去那么恐惧邻人的看法，但是新的恐惧形成了，即对于媒体说法的恐惧。这和中世纪的猎巫行动一样可怕。当报纸选择某个无辜的人当作代罪羔羊，结果是相当可怕的。幸运的是，绝大部分的人都可以因默默无闻而躲过这样的命运，但随着媒体的宣传手法越来越完善，这种社会迫害的新形式会带来更多的危险。这个问题光靠受害者对其漠不关心并不能解决，我认为，必须制定出更严厉的反诽谤法，因为不管大家如何看待所谓的新闻自由，任何会波及无辜者生活的事情都应该禁止，就算他们真的说了或做了某些事，也不应被恶意地公之于世，不然会让他们被社会遗弃。

　　然而，治愈这种邪恶的唯一药方，是提升公众的宽容度。提升宽容度的最好方式，就是增加拥有真正幸福的人数；真正幸福的人，不会把自己的快乐建筑在对他人的折磨之上。

如果要让快乐成为可能，必须找到某种可以减少或是回避舆论暴力的方法，让那些有才华的少数人可以互相交流，在其中找到乐趣。

舆论总是对那些怕它的人显露出暴行，却较难对那些漠不关心的人造成伤害。

年轻人如果发现自己和所处的环境格格不入，一定要选择有机会找到志趣相投者的行业，哪怕收入会大大减少。

对舆论表现出真诚却不受其影响的态度，不但是有力量的表现，也是幸福的源泉。

我们的生活必须由内心深处的渴望所驱动，而不是取决于刚好成为我们邻居的那些人的欲望和想法，也不是取决于我们所拥有的人际关系。

真正幸福的人，不会把自己的快乐建筑在对他人的折磨之上。

幸福的成因

幸福离我们并不遥远

如果我们的快乐被局限在与个人有关的环境里，那我们就很难不对生活提出过多的要求。

到目前为止，我们都在讨论不幸福的人，现在我们有个比较愉悦的任务，来讨论幸福的人。从和朋友的对谈及书籍中，我以为在现今的社会中幸福是件不可能的事。然而，我发现经过自省、去国外旅游，以及和我的园丁对谈之后，这个念头即消散无踪。之前讨论过关于我的朋友所承受的不幸福，在此则要对我生命中遇见的幸福的人进行探究。

幸福有两种，当然，两者间还有程度的分别。我想要定义的这两种，可以被区分为朴素的和精致的，或是躯体的和精神的，或是情感的和理性的。究竟要用哪一种名称称呼这两种幸福，视该被证明的观点而定。目前我并不打算证明什么理论观念，只是单纯地描述两者的不同。也许描述这两种幸福的最简单方式，就是说明一种幸福是开放给人类全体的，而另外一种幸福只属于那些有读写能力的人。

当我还是个男孩的时候，我认识一个以挖井为业的人，他全身都散发着快乐的气息。他长得很高大，有发达的肌肉；他既不会读也不会写，在一八八五年，他可以对议会选举投票的时候，才第一次知道有这样一个机构存在。他的快乐并非仰赖任何知识来源，既不是基于对自然定律的信仰，也不是基于物种的完善性，或是大众可以享有的公共资源，也不是基督复临安息日会最后的胜利，或是任何知识分子认为享受生命不可或缺的信条。他的快乐奠基于他的生命元气、充足的劳动或是终于克服难以逾越的障碍（岩石块）。我园丁的快乐也是同一种类，他总是和野兔对战，他谈起野兔就好像苏格兰场谈起布尔什维克一样。他认为野兔阴沉狡诈而且凶猛，因此必须使用同样狡猾的方式对付。就好像瓦尔哈拉的英雄们每天都猎捕某头野猪，这野猪在夜晚被英雄杀死，却在隔天早上神奇地复活，我的园丁可以日复一日地捕杀他的敌人，一点也不担心他的敌人隔天会消失。虽然他早就年过七十，并且得日日骑行二十五公里在山路上往返，但是那些"兔崽子"所供给他的快乐源泉永不枯竭。

你也许会说，这种简单的幸福是我们这些读书人享受不到的。我们能够从对兔子这样弱小的生物的宣战中得到什么乐趣呢？这样的论点是肤浅的。兔子比黄热病杆菌可大得多了，一个读书人却可以从对后者的宣战中得到快乐。那些园丁可以享受的情感上的快乐，受过高等教育的人也同样享受得到。受教育与否所造成的差别，只是获取快乐的形式不同罢了。要想获得胜利的快乐，需要在过程中遇上困难，这困难一开始显得难以克服，但最后我们克服了它。这或许也是为什么，不过分高估个人能力是快乐的源泉之一。一个低估自己能力的人，会对自己的成功感到惊喜；而一个高估自己的人，则会对自己的失败感到沮丧。因此，不过分地自负是聪明的，不过也别因为过分谦虚而失去前进的动力。

在受高等教育的社群中，现今社会上最幸福的人是科学家。很多杰出的科学家心性单纯，他们能从工作中获得深刻的满足感，同样也可以从吃饭甚至结婚中得到快乐。艺术家和文学家认为婚姻不幸福是常态，但科学家通常可以享受传统的家庭幸福。原因在于，科学家几乎把心力都投注于工作，无法将心力花在其他地方。在工作中他们感到快乐，因为科学是发展迅速且力量强大的，而且没有任何外行人会怀疑科学的重要性。因此他们不需要复杂的情绪，而简单的情绪会让一切都很顺利。复杂的情绪就像河中的泡泡，在顺畅的水流被阻碍时才会产生，而只要水流能够保持顺畅，水面上就不会产生任何涟漪，粗心的人往往看不出顺畅的水流中蕴藏的能量。

科学家具备所有快乐的条件。他从事的活动让他能充分运用他的能力，而他的成就不但对个人很重要，对大众也很重要，哪怕一般人可能对他的工作一点都不了解。在这一点上，他们比艺术家幸运太多。当大众不了解一幅画或是一首诗，他们可能会认为那幅画或那首诗糟糕透顶；当他们不理解相对论，他们会（正确地）认为是自己所学有限。因此大家都敬重爱因斯坦，而最优秀的画家只能待在阁楼上饱受饥寒。所以爱因斯坦是快乐的，画家是不快乐的。如果要持续地保有独立意识来对抗世界的怀疑态度，很少人能够真正地快乐，除非把自己关在一个小圈子里，忘记冰冷的外在世界。科学家不需要这个小圈子，因为除了他的同事以外，大家都对他相当看重。相反，艺术家则必须在被鄙弃或被轻视的痛苦之中做出选择。如果他相当有才华，他一定会招致其中一种不幸。如果他施展了自己的才华，结局会是前者；反之，则是后者。当然，也不是所有例子都是这样的。还是有些优秀的艺术家年纪轻轻便得到他人的尊重。尤利乌斯二世虽然亏待了米开朗琪罗，却从不怀疑他的绘画能力。现代的富豪，也许会对于年老失势的艺术家慷慨解囊，却绝不会认为这些艺术家的成就可以和自己的比拟。也许是这样的环境条件造就了艺术家不如科学家快乐。

对于年轻人来说，有一些重要的活动只要能成功，他们就会快乐。他们觉得自己对国家有责任，得致力于追求困难但也并非不可能的目标。在西方世界常见到很多受过高等教育的年轻人相当地玩世不恭，这肇因于他们生活舒适但是手无任何权力。无力感让人没有动力做事，而生活舒适则让这种沮丧变得可以忍受。东方的大学生比西方的大学生更希冀对公众舆论有较大的影响力，不过，前者相对于后者更难取得一份有丰厚薪水的工作。因为他们既不软弱，生活也并非舒适，所以他们可以成为改革者或是革命家，而非愤世嫉俗的人。改革者或是革命家的快乐取决于公众事务的走向，哪怕是被处决了，他还是比那些舒适的玩世不恭者享有更多真实的快乐。

然而，我不是主张只有一般人向往却不可及的快乐才值得追求。这样的快乐的确只有少数人可以享有，因为这样的快乐需要某种能力和广泛的兴趣，而这些条件是不常见的。不是只有卓越的科学家可以在工作上得到快乐，也不是只有伟大的政治人物可以从政策的施行中得到快乐。你只要培养某些特殊的技能，也可以从这个技能的施展上得到快乐，而无须全世界人的掌声。我认识一个年轻时就失去双腿的人，他一辈子都保有一份祥和的快乐。他从撰写五大册关于玫瑰枯萎病的专著上取得这份快乐，而我知道，在这个领域，他绝对是专家中的佼佼者。我无缘认识够多的贝壳学家，但是从那些我认识的贝壳学家中，我了解到研究贝壳带给他们很大的快乐。我也认识一个世界上曾经最优秀的排字专家，有不少热衷于发明新字形的人来向他请教。他并不是从别人的敬重之中而是从他运用技巧的过程中得到快乐，和那些优秀的舞者从跳舞中获得愉悦是一样的道理。我也认识一些优秀的排字者，他们是设计数学字形、景教文字、楔形文字或是其他困难字形的专家。我并不知道他们在私生活中快不快乐，但在工作时，他们的建设性本能得到了充分的满足。

人们常说，在当今的工业时代，已经没机会让工匠在工艺中享受快乐。我不太确定这样的说法是否正确：现在的技术人员的确和中世纪工匠所做的工作不同，但他们在工业时代仍然十分重要且不可或缺。有些人需要制作科学仪器和精密的机器，比如设计师、飞机机械师、驾驶员，还有许多从事其他职业的人，他们的技术可以有很大的发挥空间。但是在相对原始的社群里的农民则不然，在我的观察中，他们少有像驾驶员或机械操作员那般快乐的。诚然，农民的劳作形式是多种多样的，他们既要犁田，也要播种、收割，但他们受自然因素的制约，得看天吃饭；而那些在现代工厂工作的人能意识到自己掌握着权力，也意识到人是自然力量的主宰，而非奴仆。

当然，对于那些看护机器、必须重复操作某个动作、工作少有变化的人来说，他们的工作实在不怎么有趣，而这样的工作愈不有趣，就表示这份工作愈有可能被机器所取代。机械化生产的最终目标——当然我们现在离这个目标还很遥远——就是建立一个所有无趣的工作都由机器完成的系统，而人类则可从事多样化且需要创造性的工作。在这样的世界里的工作，会变得比农业社会以来的工作更不让人乏味或沮丧。农业社会基本上就是人类为了摆脱饥饿，自愿忍受单调而烦琐的劳作；但在狩猎时代，劳动是有趣的，这可以由富有的人仍然从这种原始的活动中得到乐趣来证明。当农业社会开始后，人类社会进入长时期的贫瘠、苦难和疯狂的时代，而这些终于被运用机器的优势终结了。当然，那些感性的人会强调和土地亲近的感觉，以及哈代笔下农民成熟的智慧，但在乡下，年轻人唯一的愿望就是到城镇找工作，他们不想再当风和天气的奴仆，也不愿忍受冬天夜晚的孤独，他们想在工厂或戏院里感受人的氛围。对于一般人来说，友伴和协力合作是快乐的基本要素，而这些要素在工业社会里比在农业社会中更容易取得。

拥有某种信念也是很多人快乐的来源。我指的不光是革命家、社会主义者或是受压迫国家中的民族主义者的信念，我认为也有许多粗陋的信念值得加以考虑。我知道那些相信英国人是当初消失的十个种族后代的人，也总是快乐的。而相信英国人只属于以法莲或玛拿西种族的人，他们也拥有同样的快乐。我并不是建议读者采取这样的信念，因为我不鼓励基于错误信念的快乐。同样地，我也不能鼓励读者相信，人类可以光靠热衷的事物过活，尽管根据我的观察，这样的信念无疑会带给人们巨大的快乐。但是，我们很容易找到一些相对平实的、并不狂热的信念，而那些对某种信念确实感兴趣的人，在闲暇时就有了事情做，也得以排解生活的空虚感。

和献身于某种特别的信念相近的是培养某种兴趣。某位杰出的数学家就把他的时间分给数学和集邮。我想，集邮能让他在数学领域陷入胶着时得到慰藉。当然，集邮并不能消除在数字理论上遇到的困难，而邮票也不是唯一一种值得搜集的东西。试着想象古董瓷器、鼻烟壶、罗马时期的硬币、箭头或燧石制品在你面前展示出来的情景，那该多么令人开心。当然，很多人认为这种简单的乐趣配不上我们这样"卓越"的人。我们小时候可能都体验过搜集东西的乐趣，不过成年之后却认为它不值得我们费心费力。这完全是无稽之谈，任何通过无害的乐趣获得的快乐都应该被珍惜。

我搜集过河流。我曾经沿着伏尔加河顺流而下，也曾经沿着长江溯流而上，这些活动带给我无比的乐趣，而我也深觉可惜没机会探索亚马孙河或奥里诺科河。虽然这样的情绪非常简单，但我并不为之感到羞耻。再想想那些棒球迷的热情：他们会兴致勃勃地摊开报纸，并享受广播带给他们的高昂情绪。我记得我第一次和一位美国文坛的重要人物碰面的情景。见面前，我从他的作品中推定他是个很忧郁的人，但是当收音机播出重要的棒球比分的那一刻，他完全忘了我、文学或尘世生活的所有悲伤，为他支持的球队的胜利而狂喜大叫。自从那次事件之后，我终于不再因为他作品中人物的不幸而沮丧了。

然而，潮流或是兴趣，在很多时候都不能够为我们提供最根本的快乐，只是让我们逃离现实，暂时忘记生命中难以面对的痛苦。最根本的快乐基于对人和事物的友好的兴趣。

对人的友好的兴趣是一种爱的形式，但不是那种占有或要求回报的爱。后者经常会成为不快乐的源头。那种会带来快乐的友好的兴趣，是喜欢观察人，而且对各种人的不同特质感到好奇，希望多了解别人的喜好，却不会想要控制他们，也不会希冀他们能够对自己有热烈的喜爱。如果一个人对别人的态度很真诚，这就会成为他快乐的源泉，也会让他得到友善的回应。他和旁人的关系不论深浅，都会满足他的兴致和对人的友善愿望。他不会因为别人忘恩负义而伤感，因为他很少遇到这样的情况，就算遇到了他也不会在意。一些会让别人恼怒的人格特质，他只一笑置之。他能够不费吹灰之力就达到别人努力也达不到的成果。因为他很快乐，他是个令人愉悦的伙伴，而这也更添加了他的快乐。但是这所有的一切都必须发乎真诚，而不是由应责任感而生的自我牺牲所驱动。在工作上有责任感是有用的，但是责任感在人际关系上则令人反感。人希望被喜欢，而不是一直耐着性子顺从他人。能够自然而然地、轻松地喜爱他人，也许是能带给人快乐的来源中最伟大的一种。

先前，我提到对事物的友好的兴趣。你可能会问，怎么样才能对事物友好？地质学家对待岩石、考古学家对待遗迹的态度中存在着类似的友好兴趣。而这份友好的兴趣必定也是我们对待个人或社会的态度的一种元素。对我们所敌视的事物而不是抱以友善态度的事物产生兴趣也是有可能的。一个讨厌蜘蛛的人，可能会为了能够生活在蜘蛛很少的地方而发展出搜集蜘蛛相关资料的兴趣。这种兴趣不像地质学家能从岩石中获得满足那样给他带来同等的满足。对于无生命物体的兴趣，也许不比对同伴友好的态度那般重要，但这样的兴趣仍然很重要。世界很大，而我们的能力有限。如果我们的快乐被局限在与个人有关的环境里，那我们就很难不对生活提出过多的要求。但是要求愈多，得到的愈少。如果一个人可以借着对特伦托会议或星体历史的兴趣来忘掉他的忧虑，那么他会发现，当他从非生命事物中旅行归来后，会得到一种平衡和宁静，这使他能用最佳的方式面对他的烦忧，同时，他也会感受到（即便短暂）真实的幸福。

　　幸福的秘诀在此：让你的兴趣愈广泛愈好，且让自己对人和事的反应尽量友好，减少敌视。

　　在以下的章节，我会对幸福的种种可能性做初步探讨，同时也会给予摆脱痛苦的建议。

不过分高估个人能力是快乐的源泉之一。一个低估自己能力的人，会对自己的成功感到惊喜；而一个高估自己的人，则会对自己的失败感到沮丧。

复杂的情绪就像河中的泡泡，在顺畅的水流被阻碍时才会产生，而只要水流能够保持顺畅，水面上就不会产生任何涟漪，粗心的人往往看不出顺畅的水流中蕴藏的能量。

潮流或是兴趣，在很多时候都不能够为我们提供最根本的快乐，只是让我们逃离现实，暂时忘记生命中难以面对的痛苦。最根本的快乐基于对人和事物的友好的兴趣。

在工作上有责任感是有用的，但是责任感在人际关系上则令人反感。人希望被喜欢，而不是一直耐着性子顺从他人。

用兴致充实自己的灵魂

▌ 真正的兴致，不是寻求忘却的手段，而是人类天性的一部分。

在这一章我准备要讨论的，是所有快乐的人都具备且非常显著的特质，也就是兴致。

要了解什么是兴致，最好的方式就是观看不同的人在用餐时的情景。对一些人而言，用餐简直无聊透顶，就算食物再美味，他们也觉得无趣。他们以前吃过更美味的食物，也许以前的每一餐都比这一餐好。除非饥饿的感觉汹涌澎湃，否则他们才不会了解什么叫作没有饭吃，他们认为用餐只是千篇一律的公式，是社会的规定。就像所有其他事情一样，用餐令人厌烦，但这也不值得大惊小怪，因为其他事情和这件事同样令人心烦。有些病人认为用餐只是在尽义务，因为医生告诉他们必须吃东西才能补充足以维持体力的营养。还有一些所谓的美食家，开始用餐时满怀希望，试了之后却发现食物煮得不够标准。还有那些好吃之徒，贪婪地扑向食物，总是把自己吃撑了，导致生病。那些以健康食欲开始用餐的人，很快乐地用餐，吃够了就停止。

那些在生命的飨宴前准备良好的人，对于生活可以提供的美好事物有类似的态度。快乐的人就像最后一种用餐者。饥饿之于食物，好比兴致之于生活。那些对于用餐感到兴致缺乏的人，就好像拜伦式不快乐的受害者；而那些因为义务而用餐的病人，好比禁欲者；贪吃之徒和酒色之徒没有什么两样，而美食家则是百般挑剔的人，认为生命中一半的乐趣都不是完美的。怪的是，也许除了贪吃之徒以外，其他的人都鄙视拥有健康食欲的人，认为自己比他们优秀太多。对他们来说，因为饥饿而进食，或是因为生活中有太多有趣事物而喜欢生命，是件庸俗的事情。他们从自己幻想的高度，低头鄙视那些简单的灵魂。对我来说，我可一点都不赞同这个观点。所有心灰意冷的感觉，对我来说都是一种病态，虽然有时候客观环境真的会造成这样的感觉，但是一旦这种感觉产生了，我们应该尽快治疗它，而不应该认为它是智慧的更高形式。

假设有个人喜欢草莓，而另外一个人不喜欢，后者是在哪一点上比较高超呢？在草莓好不好这一点上，没有任何抽象的或是客观的证明啊。喜欢草莓的人从草莓上得到愉悦,不喜欢草莓的人则无法得到。在某种程度上,喜欢草莓的人的生命更加快乐,也更多了一个适应社会的条件。在这样的简单事物上可以得证的道理,在更重大的事情上也同样适用。在某种程度上,喜欢看美式足球比赛的人胜过不喜欢的人;而喜欢阅读的人也比不喜欢阅读的人更加高明,因为阅读的机会比看美式足球的机会多。一个人的兴趣愈多,就愈有机会累积快乐,也就更不需要依赖命运的怜悯,因为如果他失去某样东西,他总还有其他的寄托。生命很短暂,没有办法让人对所有的事情都感兴趣,但是如果能够有足够的兴趣让我们每一天都充实满满,则是件好事。人都很容易顾影自怜,这样的人就算世界为其展开多种面貌,他也会移开视线,宁愿专注于自己内心的空虚。大家可千万别以为顾影自怜有什么伟大之处。

有两台制作香肠的机器,可以把猪肉变成美味的香肠。一台机器保有对猪的兴致,且制作了无数的香肠。另外一台机器则说:"猪对我有什么意义?我的工作比任何猪都更加有趣、伟大。"于是它拒绝了猪,决定好好研究自己。可是当丧失了天然的食物之后,它的内在便停止了运作,而它愈研究自己的内部结构,就愈感到空虚和愚蠢。截至目前，那些可以做出美妙转换的精密设备都还在，只是它已经迷失了，不再了解那些设备到底可以做些什么。第二台香肠机器就好像一个失去兴致的人，而第一台机器就是还保有兴致的人。人的内心就好像一台奇怪的机器，可以把所有得来的材料转变成令人目眩神迷的东西，但是当没有外在的材料时，机器则无用武之地。我们不像香肠机器，我们必须为自己找到材料，只有对生活中的事件感兴趣，这些事件才能够转换成经验。如果我们对这些事件不感兴趣，这些事件就对我们毫无用处。也因此，一个把注意力转向自我内心的人，会找不到任何值得关注的事；而那些对外界事物兴致勃勃的人，当他偶尔把注意力转移到自己的灵魂，他会发现所有以前采集、累积的各式各样有趣的材料，都已经被转换重组成美丽且有价值的东西。

兴致的形式不胜枚举。福尔摩斯有一次在街上偶然拾起一顶帽子。观察好一会儿后，他下了结论：该顶帽子的主人一定是在酒醉后才走来这里，而他的老婆也不像以往那么爱他。如果如此普通的物件都可以给人带来这么大的乐趣，那这个人的人生一定不会无聊。想想在乡间散步的时候，有多少值得注意的东西。有人可能对鸟类特别感兴趣，有人则喜欢观察植物，有人喜欢地质，也有人喜欢观察农事，等等。只要你对它们感兴趣，以上任何一件事情都是有趣的。而当其他的客观条件都一样时，一个喜欢以上某种事物的人，比起对任何事物都不感兴趣的人更能适应这个世界。

同样地，不同的人对周遭的人群也会有极大不同的态度。在一次长途火车旅行中，某个人可能对其他旅客漠不关心，另外一个人则对车上旅客做出归类，分析他们的个性，精准地猜出他们生活的环境，也许还有办法挖出某些人最秘密的过去。一个人对他人的感觉不同、观点不同，人们也会在这个人眼中呈现出不同的面貌。有些人觉得每个人都很无趣，有的人很容易对接触的每个人表达友好，除非另有原因让他们选择相反的态度。再拿旅行为例：有些人到过许多国家，住最好的旅馆，吃和家乡一样的菜，遇见相似的富贵闲人，谈论和在家里谈论的差不多的话题。当他们返回家中，他们唯一的感觉就是好不容易从昂贵无趣的旅行中解脱。有的人旅行时注意旅途上特殊的事项，和当地人交朋友，观察引起他们兴趣的历史或人文课题，吃当地的餐点，学习当地的习俗和语言，他们带回家的是可以为许多冬夜增添快乐的回忆。

一个拥有兴致的人不管在什么情况下，都比一个毫无兴致的人有更多优势。就算是不快乐的经验也对他有帮助。我曾经遭遇过拥挤的中国人群，也曾经到过西西里岛的城镇，虽然我没办法假装在当时当刻享受该种感觉，但我很庆幸有那些经验。有冒险精神的人，可以享受沉船、兵变、地震、战火，以及种种让人不愉快的经验，只要这些危难不致对他们的性命造成危害。举例来说，在一场地震中，他们也许会对自己说，"喔，原来这就是地震啊"，而因为这项新东西让他们又增长了见识，他们感到愉悦。说这样的人不受命运的支配是不对的，因为他们如果失去健康，他们很可能就会失去兴致，尽管这种假设也并不完全正确。我认识一些晚年在慢性折磨中慢慢死去的人，他们就一直维持兴致到最后一秒钟为止。有些形式的病痛会摧毁兴致，有些则不会。我不知道生化学家是不是有办法区分这两种人，也许等生化科学有长足进步的时候，吃颗药丸就能让我们对每件事都感兴趣，不过在那天到来之前，我们也只能靠常识来判断，是什么原因让某些人对各种事物都充满好奇，而有些人对任何事都不感兴趣。

有些兴致是广泛的，有些则是特殊的。英国作家乔治·博罗的读者，可能记得在《罗曼·罗依》中有个人物，这个人失去了他挚爱的妻子，曾有一段时间觉得他的生命已经彻底荒芜。但是当他开始对茶壶和茶柜上的中文落款感兴趣时，他靠着法汉语法书的帮助（他还特别为此学习了法文）逐渐了解了那些中文的意思，从而找到了生命的新寄托，虽然他从来没有把中文用在其他地方。我也认识某些致力于诺斯替教异端研究的人，还有人的主要兴趣在于搜集整理霍布斯的手稿和早期著作。很难预先猜出什么会引起一个人的兴趣，但是大部分人都有对某种事物产生兴趣的能力，一旦找到这些兴趣，人生就不再单调乏味了。然而，比起寻常的兴致来说，特殊的兴趣比较难成为快乐的来源，因为特殊的兴致很难填满一个人的时间，而且一个人很有可能在全盘了解该兴趣后感到索然无味。

前面我们谈到对用餐有不同态度的人，其中包括贪吃者，我对这类人不敢恭维。读者也许会认为，我们赞赏的兴致盎然的人，跟贪吃者没有什么分别。现在我们可以好好定义两者的不同。

每个人都知道，老祖宗认为谦逊是项美德。在浪漫主义和法国大革命的影响下，很多人已经遗弃了这个观念，转而认为我们应该崇敬那些澎湃的激情，甚至钦佩那些拜伦式的英雄，即便他们那么地具有破坏性和反社会性。然而，在这一点上，老祖宗显然是对的。美好的生命中，不同的活动必须要保持一种均衡，我们不应该把某一项活动推到极致，以至于其他活动都无法开展。贪吃者为了吃而牺牲了其他的乐趣，这样做只会让他生命的快乐总值降低。

很多吃以外的热情也可能过度，像是约瑟芬皇后对于服装的狂热。一开始，拿破仑尽管对她颇有微词，却还是替她付款，后来他告诉约瑟芬该学着节制点，并且只支付合理范围内的账单。这样，当下一期的置装费账单到来时，她束手无策，接着她想出一个妙计，她约谈陆军部长，并要求他从军事费用中挪出钱来付她的置装费。部长知道她有权力让他免职，就屈从了，结果法国果然输了热那亚。这个故事出现在稗官野史中，可信度待考证，不过它贴切地符合我们想要说明的道理。这个故事让我们知道，一个女人如果过分沉迷于服装，可能付出的代价有多大。酒鬼或者色鬼都是最佳例证。这些例子说明的道理很明显，我们所有的嗜好和需求都必须符合生活的总体框架。如果要把某些事情当作快乐的来源，这些需求得和健康的要求、我们所爱之人的感情与社会尊崇的价值一致。

有些事你可以尽情去享受，但是有些则不然。举例来说，某个人很喜欢下西洋棋，如果他是单身汉，那么他不需要特别节制他的热情；如果他有妻儿要照顾，那么他就必须对下西洋棋有所节制。不过，对于那些酒鬼或者是贪吃鬼来说，就算他们没有什么家累，他们的兴致也并非明智，因为那样的兴致会影响健康，几分钟的快感可能会导致好几个小时的苦痛。任何独立的兴致都不应该超越生活的总体框架，要不然这些兴致终究会变成痛苦的来源。这个框架内包括健康、对自身能力的掌握、有足够的收入购买必需品，以及最基本的社会责任，像是对妻子和孩子的责任。为了下西洋棋而牺牲以上事项的人和酒鬼一样糟糕。我们不太谴责这种人的原因是这样的人太少了，只有某些能力超群的人才有可能对这种脑力游戏如此着迷。希腊对节制的标准就有类似的例子。如果一个人爱西洋棋的程度高到让他在工作时满心期待在夜晚下一盘棋，那么这个人是幸运的；但是如果这人放弃工作就为了整天下西洋棋，那么这个人就丧失了节制的美德。托尔斯泰在年轻、放荡不羁时，曾经因为作战英勇得到军事勋章，但在颁奖典礼时，他因为被一盘棋吸引住而决定不出席。我们很难说托尔斯泰这样做是否正确，因为对他来说，这个军事荣耀可能可有可无，但是对于一个普通人来说，这样的行为可能就是愚蠢了。

如果要对以上的金科玉律画一个界线，我们必须承认有些行为的确非常高贵，值得牺牲一切来完成。一个为保卫国家牺牲生命的军人，就算他的家庭因为这样一贫如洗，我们也不应该怪罪他。一个投入全部心力在实验上，而让家人贫困度日，最终在科学上有了重大发现的人也不应该被谴责——前提是他最后取得成功。如果他因为最终没有从无数尝试中获得成功而被责备，这对他似乎并不公平，在这个领域中，谁能在开始时就保证成功呢？在基督教的第一个千禧年里，一个为了过圣徒式的生活而抛弃妻子的人会备受赞誉，不过现在的社会则认为这样的人至少该先为他的家庭负些责任。

我认为贪吃者和食欲健康的人之间有很深的心理差距。一个愿意牺牲一切只为了达成某个目的的人，一定有很深的烦恼让他想要逃离。酒鬼的例子特别明显：他们喝酒是为了遗忘。如果他们的生命里没有恐惧，他们也不会宁愿酒醉而不愿清醒。有一句中国古话说："醉翁之意不在酒。"这句话解释了很多过分以及偏颇的激情。他们不是在行为中找到乐趣，而是用该件事来遗忘。用酗酒来遗忘和运用自我的官能来遗忘，这两者之间有很大的不同。博罗的那位朋友，用学习中文来遗忘失去妻子的痛苦，他的行为没有制造伤害，反而增进了他的知识。这种遗忘方式，当然没有什么好反对的。我们要反对的是那些用喝酒、赌博或是其他不良的刺激行为来遗忘的方式。当然，有些行为很难判定好坏，对于那些赌命驾驶飞机或是登山挑战极限，对生命厌烦的人，我们该说什么？如果他冒的风险对公众是有帮助的，我们也许会钦佩他；但如果并非如此，他们也只比赌徒和酒鬼好一点而已。

真正的兴致，不是寻求忘却的手段，而是人类天性的一部分，除非这个兴致被不幸的环境所摧残。年轻人对所见所闻的任何事都充满兴致，这个世界对他们来说充满惊奇，他们随时随地都在热情的驱动下获取知识，且不限于学术上的知识。动物们即使成年了，只要健康就会保有兴致。在一个不熟悉的房间里，一只猫是不肯安闲地坐下来的，除非它已经闻过房间的每一个角落，确定没有老鼠的气味。没有被彻底击垮过的人也会对外在世界保有兴致，除非他的自由受到不当的剥削，不然他就会觉得生命多彩。

在文明世界中，一个人的兴致会消失，通常是因为对生命相当重要的自由受到限制。原始时代，人们狩猎是因为饥饿，天生的本能驱动了这个行为。现代人按时上班，基本上也是受同样的本能所驱动，也就是为保证糊口而努力，只是现代人不像原始人那么直接由本能控制，而是间接由信念和选择所驱动。在他决定去工作的那一刻，他可不觉得饥饿，因为他才刚吃过早餐。他只知道这个饥饿感会再度发生，而去工作可以保证他未来得以免于挨饿。在文明社会里，冲动是不合规范的，而习惯必须合乎规范。原始人，甚至是原始人的团体（如果有的话），都是自发且冲动的。当某个部落要作战时，锣鼓声激起军队的热情，群众的激昂带动大家参与必要的活动。现代社会则不能这样运作。当火车必须在某个时刻启动的时候，可不能用原始音乐来鼓舞门房、引擎操作员和信号员。他们完成各自的职责，只是因为该工作必须被完成；也就是说，他们的动机是不直接的：他们对该活动没有原始的激动，只对活动完成之后的报酬有感觉。

大部分的社会生活都有这样的缺陷。人们交谈，不是因为在当下想要这么做，而是期望从合作中获得利益。文明人随时随地都在和冲动对抗：如果某个时刻他感到特别高兴，他不可以在街道上高歌或跳舞；如果他感到悲伤，因为害怕阻碍行人的交通，他也不可以坐在人行道上哭泣。年轻的时候，他的自由在学校受到限制，成年后他的自由又在工作场合受到约束。所有对自由的束缚都让人难以保有兴致，因为持续的束缚只会导致疲劳和无趣。

当然，一个文明世界的运行是需要对某些冲动加以限制的，因为即时的冲动只能促进最简单的社会合作，却不能促进现代经济社会需要的精密合作。要冲破这些重重障碍来取得兴致，一个人必须健康且有充沛能量，或者找到令自己开心的工作。从统计上来看，近百年来文明世界的健康状况处在稳定的进步中，但是很难衡量个人精力的多寡，而我很怀疑大家的体能可能不像健康状况那么乐观。这基本上是某种程度的社会问题，不在本书讨论范围内。然而，这个问题在个人和心理层面上，和之前讨论过的疲劳相关。尽管文明社会的生活如此艰难，还是有人能维持他们的兴致，而只要能够避免心理冲突（也就是避免耗损太多能量），大部分的人都可以保有他们的兴致。兴致需要的精力比好好完成工作所需的还多，因此格外需要心理机制的平稳运作。我会在下面的章节更深入地讨论如何增进心理的平稳运作。

对于女性来说，对体面的错误认识大大降低了她们的兴致，虽然现在的情况已经有了改善。一个女人如果对男人表示兴趣，或是在公众场合的表现过分活泼，大家会认为这女人不体面。为了学习怎么对男人不感兴趣，女人经常要学着对任何事都不感兴趣，或是只对某些正确行为感兴趣。教导这种对生活心如止水、毫无作为的态度，明显和培养兴致大相抵触。她们不像一般的男性对体育感兴趣，也对政治不闻不问，对于男性保持一种古板冷漠的态度，对于女性则潜藏敌意，尤其当她们认为该女性不像自己一样体面时。她们对于自己洁身自爱、自扫门前雪的态度感到自傲。也就是说，对于她们而言，对周遭的同伴不感兴趣是一种美德。当然，会变成这样的情形不该怪罪她们，她们只是接受了千年以来对女性最平常的道德教育。她们其实是压抑的社会制度的受害者，她们没看到这个制度的罪孽，值得同情。对这些女性而言，苛刻是件好事，宽容则显得邪恶。在她们的社交圈子里，她们想尽办法扼杀乐趣，在政治上，她们喜欢高压的立法。幸运的是，这样的人在慢慢减少，但仍然比那些生活在自由圈子里的人所想象的要普遍得多。如果有人怀疑这一说法，我建议他去房屋出租处找地方住，然后在寻找的途中多注意那些女房东。他会发现这些女性生活在所谓优越的女性标签下，她们毁坏所有生活的兴致来取得这份优越，结果她们见识短浅、心胸狭隘。男性的卓越和女性的卓越应该是没有差别的，不该像传统教育那样明显地区分。对女性而言，就和对男性一样，兴致是取得快乐和良好生活的法门。

一个人的兴趣愈多，就愈有机会累积快乐，也就更不需要依赖命运的怜悯，因为如果他失去某样东西，他总还有其他的寄托。

一个把注意力转向自我内心的人，会找不到任何值得关注的事；而那些对外界事物兴致勃勃的人，当他偶尔把注意力转移到自己的灵魂，他会发现所有以前采集、累积的各式各样有趣的材料，都已经被转换重组成美丽且有价值的东西。

美好的生命中，不同的活动必须要保持一种均衡，我们不应该把某一项活动推到极致，以至于其他活动都无法开展。

所有对自由的束缚都让人难以保有兴致，因为持续的束缚只会导致疲劳和无趣。

勇敢去爱，真诚去爱

> 最好的爱是相互给予的；每个人愉快地接受，也大方地给予他人。

让人失去兴致的主要原因之一，是没有被爱的感觉，相对地，感到被爱比其他因素更能增进一个人的兴致。一个人感到自己不被爱，可能有多种不同的原因。他可能认为自己糟糕透顶，没有人会喜欢他；他也许在童年的时候就缺乏关爱；或者他还真的就是一个没人喜欢的人。而最后一种情况的原因，可能是早期的不幸让这个人缺乏自信，他可能因此用尽办法来赢得喜爱，可能对他人特别亲切。然而，采取这样的做法大有可能失败，因为别人很容易就识破他的动机，而人的天性就是这样，对于最不需要爱的人总是更愿意给予。因此，这个想要以友善的动作来博得他人喜爱的人，终究会因为别人的不知感激而幻灭。他从来不会这样想：那些他想要博得的喜爱的价值远比他付出的代价要高；不过他这样做的根本原因，还是在于他感知到被爱是件重要的事。

另外一种感到不被爱的人，可能会对世界发起报复，也许是掀起战争或是革命；或者像迪安·斯威夫特一样，通过犀利的笔杆发声。这是一种对不幸的英勇反击，只有拥有强悍个性的人才有办法与整个世界对抗，很少有人能够达到这样的高度。大部分的人，如果感到不被爱，只会沉入胆怯的绝望，只有偶尔闪现的嫉妒和怨恨才会使他们感到解脱。一般来说，这些人的生活会变得极端以自我为中心，而缺乏情感支持让他们很没有安全感，他们本能地想要逃避这种不安全感，便让习惯完全左右他们的生命。那些让一成不变的生活规律完全支配自己的人，通常是因为害怕冰冷的外在世界，所以他们才持续走和昨日一样的路线，以避免和这个冰冷的世界狭路相逢。

有安全感的人面对这个世界时，只要安全感没有把他们带向灾祸，他们比没有安全感的人快乐得多。虽然不是完全如此，但是在大部分的情况里，安全感会帮助人们远离危难，而没有安全感的人通常会屈服。如果你要走过一块狭窄的木板，恐惧会让你更容易摔落。同样的逻辑在生活中也可以得到印证。当然，无惧的人也会遇到突发的灾祸，但是他很有可能在波涛汹涌中毫发无伤，而一个胆怯的人，却可能在同样的情况下伤痕累累。当然，自信心可以呈现出多种面貌。有的人可能在高山中感到自信，也有的人则对大海无惧，还有的人可以在天空中如鱼得水。不过，对于生活的普遍自信，更多是来自一个人需要多少爱，就能接受多少爱。这种被视为兴致源泉的被爱习惯，也是我在这一章想要讨论的主题。

给予人安全感的是被爱的感觉，而不是爱人的感觉，但这两种感觉相互依存。严格来说，不是只有喜爱才有这种效果，敬爱也会。以博得大众敬爱为职业的人，像是演员、牧师、演讲者、政治家，会愈来愈依赖大众的掌声。当得到公众认可的奖赏，他们会满心欢喜，生活充满兴致。若没得到掌声，他们则会不愉快，开始变得以自我为中心。对于他们来说，群众的热情就好比少数人的盛情之于别人那般重要。

受到父母喜爱的小孩会认为父母对自己的感情再自然不过，他不会多想得到的这份感情，虽然这份感情对他的快乐而言相当重要。他想着这个世界，专注于眼前的冒险，想象着长大后将经历的更多奇妙的冒险活动。但在所有这些外部兴趣的背后，他知道父母对他的爱会保护他度过重重难关。而那些因为某些原因没有得到父母之爱的孩子，容易变得胆小而欠缺冒险精神，充满恐惧和自怜，没办法以乐观的探索精神来面对这个世界。这样的孩子在小小年纪便已展开对生命、死亡和人类命运的冥想。他变得内向，开始时只是郁郁寡欢，之后开始从某些哲学或神学系统里去寻找不真实的慰藉。

世界如此纷乱，快乐与不快乐交杂着，想要从中找出某种条理或规律，本质上是一种恐惧的结果，实际上，也许是患有广场恐怖症或害怕开放的空间。身处被书架环绕的图书馆里，胆怯的人或许反而感到心安。如果他可以说服自己，宇宙其实也像这个空间一样整齐有序，那么走到大街上时，他就可以感到心安。这样的人，如果可以得到更多的喜爱，就不会那么害怕现实世界，也就不需要去创造一个只存在于信仰里的理想世界。

然而，不是所有的爱都有这种鼓励冒险的效果。给予的爱本身必须是坚定而非胆怯的；希望对方追求卓越多于追求安全，但绝非彻底不顾安危。那些总是警告孩子可能会发生危险的胆怯的母亲或保姆，认为每条狗都会咬人，每头牛都是斗牛，这样的态度只会让孩子和她们一样胆小，孩子会觉得除非紧跟在长辈身后，否则就不安全。对于占有欲很高的母亲来说，孩子有这样的感觉会使她高兴，她希望看到孩子依赖她远胜于希望看到孩子有独当一面的能力。长远来看，这个孩子还不如没有人爱。心灵在早期养成的习惯很有可能维持一辈子。很多人在恋爱的时候，希望能够找到隔绝于世的小小的避难天堂，在这里，就算他们不值得钦佩也会得到钦佩，就算他们不值得赞美也会得到赞美。对很多男人而言，家就是他们逃离现实的避难所：他们胆怯和恐惧，于是需要一个能安抚这些情绪的同伴。他们想从妻子身上找到以往在不明智的母亲身上得不到的感觉，但当妻子视他们为大孩子时，他们又会感到无比震惊。

要定义最完美的爱并不容易，因为很明显，每一种爱或多或少都掺杂了一些保护成分，我们没有办法漠视我们所爱的人被伤害。然而，我觉得比起对真实发生的不幸感到同情，对不幸的担忧还是愈少愈好。为他人担忧比为自己担忧好不了多少，而且它常常是占有欲的障眼法，借着担忧别人，巩固自己在他们心中的位置。这也是男人喜欢胆怯女人的缘故：借着保护她们来占有她们。一个人所受到的关怀会不会反过来对他造成伤害，取决于这个人的性格：一个顽强且具冒险精神的人，可以承受大量的关怀，也不会受到伤害；至于胆怯的人，最好还是鼓励他们不要抱太大的期望。

情感的接受有两种作用，到目前为止，我们谈论的都是被爱和安全感的关系，但是在成年生活中，它还有一个更重要的生物功能，也就是做父母的问题。不管是男人还是女人，如果没办法享受性爱都是相当不幸的，因为这等于失去了生命给予男女最大的快乐。丧失了这种乐趣，迟早也会破坏生活的兴致，把人们导向内向的道路。然而，一个人童年时所遭受的不幸，往往会导致他性格上的缺陷，进而导致他长大后难以获得爱情。这种情况发生在男性身上的例子似乎比女性多，女性通常是因为男性的个性而爱他，而男性通常是爱女性的外貌。在这一点上，男性比女性差劲，因为从整体上来说，男性喜欢女性的原因，比女性喜欢男性的更没有价值。然而，我并不是很确定，好个性是否比漂亮的外貌更容易获得。不管怎么说，女性对获取漂亮外貌的步骤很明白，且懂得怎么去追求，相对地，男性通常完全不了解该如何培养良好的个性。

以上我们讨论的是人接受情感，现在来谈谈人给予情感。情感的给予也有两种，一种可能是生活兴致的最重要表现，另一种则是恐惧的呈现。在我看来，前者绝对是值得赞誉的，后者顶多就是种安慰剂。如果你在好天气里驾着帆船沿着美丽的海岸线航行，你欣赏着海岸线，也从其中得到快乐。这种快乐完全是外界给予的，和个人的需求没有关系；如果你的船坏了，而你必须游泳到岸上，这时候你产生的是一种新的情感：它代表对抗海浪的安全感，而它的美丑已经不再重要。前一种情感是较佳的那一种，要产生前者那样的情感，只有在安全无虞的情况下，或者是对困住他的危险无动于衷。相对地，后一种情感来源于不安全感。不安全感导致的爱较为主观，也更以自我为中心，因为被爱者之所以被爱，是因为他能够提供的服务，而不是因为其与生俱来的特质。

然而，我并不是想要暗示这样的爱在生命中没有其地位。事实上，几乎所有的爱都是上述两种的混合物，而且只要这种爱让人从不安全感中脱困，这个人就可以重获自由，并且对世界燃起在危险和害怕的时候感受不到的兴趣。不过，虽然我们承认这样的爱在生活中有其地位，它还是不如另外一种爱，因为这种爱依着恐惧而生，而恐惧是邪恶的，另外，这种爱也比较以自我为中心。在最好的爱中，人是希望找到新的快乐，而不是从不幸处逃离。

最好的爱是相互给予的；每个人愉快地接受，也大方地给予他人。人们会发现，有了这种相互给予的快乐的存在，这个世界变得更有意思了。另外有一种还算常见的爱的类型，是无限度地榨取、接受他人的给予，却几乎没有回报。有些重量级人物就属于这种吸血类型，他们将受害者的生气一个接一个吸干，他们自己变得愈发生气蓬勃，愈发有趣，而他们的受害者则愈来愈苍白、了无生气且迟钝。这样的人把别人当作达成自己目标的工具，而从来没想过别人也有自己的目标。基本上，这样的人对他们一时喜爱的人没有兴趣，只对可以激发他们活力的活动感兴趣，而这些活动也许和人扯不上一点关系。显然，这些人会这样做，一定是他们天性中有什么缺陷，但这种缺陷实在很难诊断或治疗。这种缺陷常常和强大的野心一起出现，而且，我可以说，它根植于一种对人类快乐来源的片面了解。

　　两个人之间真心关怀的爱，不是只为单方好，而是想要合力创造两人皆好的结果，它是幸福的重要元素之一。一个自我被坚固的钢墙囚禁而无法再成长的人，他不管多么成功，还是错失了生命能给予的最好滋味。把情感隔绝在外的习惯，通常肇因于某种对人类的愤怒或者是憎恨，也许是青年的不快乐所导致的，也许是成年受到的不公平对待所导致的，或者是任何造成被迫害妄想症的因素导致的。一个人要想充分地享受这世界，就必须逃离过分强大的自我造成的牢笼。能够真心地与他人交换情感，就是这个人挣脱自我牢笼的标志之一。光是接受爱还远远不够，还得将它给予出去，只有在施予爱与接受爱平衡的时候，爱才能发挥最大的潜能。

任何阻碍人们之间的爱的心理或社会原因，都是罪恶的，而这个世界已经受其害不浅，也仍然受其所害。人们因为害怕给予的情感被错用而对给予他人赞赏感到迟疑，他们怕给予的情感被利用或被挑剔，于是干脆不轻易付出感情。以道德为名或者以全世界都尊崇的智慧为名，逼得大家小心翼翼，结果和情感有极深的连结的宽容和冒险精神都不被鼓励。所有这些造成了人类全体的胆怯和愤怒，因为很多人终其一生都忽视了人生中最重要的东西，十有八九失去了乐观和豁达的态度。我并不是说，那些不道德的人在这方面比其他人好。在性关系中，很少有能被称作真实的感情，有时甚至会有一种基本的敌意。每个在其中的人都把自己保护得好好的，结果只是保有最根本的孤独，毫发无损却一无所得。这样的经验一无价值。我并不是要建议大家小心翼翼地避开这样的人，因为避开这些人所要采取的步骤，很可能会干扰培养珍贵且深厚的感情的机会。但我要强调，唯一有价值的性关系，是那种在关系里没有沉默，并且双方的人格在其中融合、升华的性关系。在各种小心翼翼中，对爱的小心翼翼最容易对真正的幸福造成致命的伤害。

那些让一成不变的生活规律完全支配自己的人，通常是因为害怕冰冷的外在世界，所以他们才持续走和昨日一样的路线，以避免和这个冰冷的世界狭路相逢。

为他人担忧比为自己担忧好不了多少，而且它常常是占有欲的障眼法，借着担忧别人，巩固自己在他们心中的位置。这也是男人喜欢胆怯女人的缘故：借着保护她们来占有她们。

人们因为害怕给予的情感被错用而对给予他人赞赏感到迟疑，他们怕给予的情感被利用或被挑剔，于是干脆不轻易付出感情。

在各种小心翼翼中，对爱的小心翼翼最容易对真正的幸福造成致命的伤害。

为人父母的快乐

▌ 即便为人父母是生命中很重要的一部分，我们也不能把它当成人
生的全部，否则，它就不再令人愉悦，而且会让我们变成情绪上
想要牢牢抓紧孩子的父母。

自古传下来的所有制度当中，恐怕没有一个像家庭这
样混乱且偏离正轨的吧。父母对子女的爱，以及子女对父
母的爱，本应是幸福重要的来源之一，但事实上，现今家
庭的亲子关系，十有八九不佳，是双方不幸的来源，而百
分之九十九的家庭里，亲子关系至少给其中一方带来了不
幸。家庭未能提供它原则上应该为人们提供的最基本的满
足，这是我们时代普遍存在的不满的深层原因。成年人要
是希望能和孩子建立起良好的关系，或者为孩子提供幸福
的生活，就需要好好思考怎么当父母，并做出明智的选择。
家庭这个课题太大，我在此只谈论它和幸福的关系，以及
个人能力能够改变的部分。

当今，家庭不幸福的原因很多，有心理的、经济的、社会的、教育的以及政治的。就拿那些经济较宽裕的社群为例，有两个原因使这个社群的女性认为，为人父母的负担比以往更加沉重。一方面是单身女性的就职机会比以前多；另外一方面则是现今用人服务的消退。古时候，女性之所以会结婚，是因为无法忍受未嫁所需要承受的压力。未嫁的女人没有经济能力，先是依赖她的父亲，接着可能需要依赖某个不情愿的兄弟。她没有工作可以消磨时光，也没有到家庭堡垒之外享受生命的自由。她既没有机会也没有意愿去找寻性的冒险，因为对于她来说，她深深相信婚姻以外的性行为是种放荡。万一她因为某种精心设计的诡计而失足，她的处境将是极其可怜的。《威克菲尔德的牧师》对此描述得非常精确：

> 唯一掩饰她的罪恶
>
> 不让众人看见她的羞惭
>
> 让她的爱人忏悔
>
> 心中哀痛的方法，就是——死。

现代的未嫁女在这种情况下倒不需要一死，她只要受过良好的教育，就能赚到足够的钱，也就不需要依赖父母的许可。由于父母不再拥有女儿的经济掌控权，他们在对女儿展开道德劝说时也就必须更加谨慎，因为对于一个不愿听他们唠叨的人，唠叨没有什么用处。因此，现代单身的职业女性，如果拥有高于一般水平的魅力和聪明才智，只要能摆脱想要小孩的欲望，即可彻底享有合意的人生。如果想要孩子的欲望占据了她，她便会想结婚，那么大有可能失去工作。由于她丈夫的收入也许还比不上她以前工作时赚得多，且这份薪水不只是要养一个女人而是整个家庭，这个女人的生活舒适程度也就会降到比她习惯的层次还低的地步。曾经享受过经济独立的她，很难习惯必须为柴米油盐锱铢必较的日子。凡此种种，让这样的女性在走入婚姻前难免迟疑。

那些真的跳入家庭的女性，发现比起过去的女性，她们遇到了一个崭新而可怕的问题，也就是家政服务的缺乏或质量低下。为了适应这样的情况，她被迫要从事和她的专业能力及训练毫无关联的千种琐事，如果她不亲手做，那么她也可能会因为保姆的疏忽而乱发脾气。关于照顾小孩的工作，她如果很细心地吸收各种相关知识，会发现几乎不可能信任保姆，除非她愿意承担重大风险。她也没办法放心地让他人打理最基本的清洁及卫生问题，除非她负担得起专业机构训练出来的专职保姆。被层层琐事压沉肩膀的她，要是没有很快丧失魅力和四分之三的聪明才智，那就是万幸了。妇女们因为从事这些必要的琐事，而让丈夫、孩子厌烦的情况实在太常见。晚上，当丈夫回到家中，讲起日常琐事的她让丈夫感到无聊；对待孩子时，她心中总是念念不忘为孩子付出的牺牲，所以她总是对孩子要求太多，而老是顾着琐事的习惯也让她变得挑剔和小心眼。她为家庭的奉献反而让她失去家人的喜爱；要是她忽略家人而保持愉悦的心情和吸引力，也许她的家人会更爱她些。

还有另一个同样严重的经济层面的问题。我指的是人口集中在大城市造成的困难。在中世纪，城市和现在的一些乡村一样开阔，孩子们仍然唱着这首儿歌：

在保罗尖塔上有棵树

树上结实累累的苹果

伦敦镇上的小男孩

带着棍子跑，将苹果都敲落

然后他们在篱笆间奔跑

一直跑到伦敦桥

如今，保罗尖塔已经不存在了，我不知道在什么时候，圣保罗和伦敦桥之间的篱笆也消失了。伦敦的孩子们能够享受儿歌中所描述的快乐，已经是几个世纪以前的事情了。但是不久之前，大部分的人口还住在乡下，那时，城镇并不是很大，人们很容易就可以走到城镇之外，在城里也常常可以看到住宅旁边有花园。现在，英国的都市人口已经远超过乡村人口，在美国，这种差异虽不大，但也在急遽加大。像伦敦和纽约这样的大城市发展快速，要走到城市外需要花不少时间。住在城市里的人，能够拥有一层公寓的空间就应感到满足，显然，这些公寓和真正的土地没有联结，而中产阶级却只能安于这绝对狭小的空间。如果有小朋友，住在公寓里会很困难。没有空间让孩子们玩耍，也没有空间让父母摆脱孩子们的噪声，结果是工作的人想要搬到郊区去，这对孩子们来说当然是个好点子，但会大大增加一家之主的舟车劳顿，也会减少他与家人相处的时间。

然而，这样的经济问题我并不打算讨论，因为这已经超过本书讨论的范围，本书想着重讨论的是个人该如何在此时此境中找到幸福。当我们谈论现今环境中父母和孩子关系中的心理问题时，我们便离本书的重点很近。这些心理问题其实是民主社会造成的各种问题之一。古时候，有主人和奴仆的关系：主人决定什么事情必须完成，而基本上他们必须喜欢他们的奴仆，因为奴仆照顾他们的生活。奴仆很可能憎恨他们的主人，不过并不像民主社会推测的那样普遍。就算他们真恨主人，主人也毫不知情，反正主人总能保持幸福的生活。对民主制度的广泛接受让这种情况改观了：奴仆不再忍气吞声，对于权力毫不怀疑的主人开始迟疑和犹豫，于是两者之间产生冲突，不幸也随之而来。我并不是想用这样的论调反对民主，因为我们现在所遭受的麻烦是重要的转型阶段无法避免的，但是我们也不应该罔顾事实，因为这过渡期的确让世界变得令人不舒服。

亲子关系的改变就是民主观念广泛传播的一个特例。父母不再确定他们对孩子拥有权力，孩子也不觉得他们对父母欠缺尊重。以往需要严格遵守的顺从美德已不再流行，并且理当如此。心理分析让受过教育的父母吓坏了，生怕他们不小心伤害了孩子。如果他们亲吻孩子，也许会让孩子形成恋母情结，如果他们不亲，则可能会让孩子因为嫉妒而愤怒；他们如果命令孩子做事情，可能会产生罪恶感，而他们如果不这样做，孩子可能会养成父母认为不可取的习惯。当看到孩子吸吮大拇指时，他们马上就联想出许多可怕的结论，却对于怎么终止这种行为毫无办法。为人父母，曾经是权威的象征，现在却变得胆小、焦虑，充满良心上的疑虑。过去的简单快乐已经消失了，现在的单身女性拥有很多自由，如果结婚，等于要放弃更多自由以成为人母。在这样的情况下，自律的母亲对孩子要求太少，而不自律的母亲则要求太多。自律的母亲因抑制天然的感情而变得羞怯，不自律的母亲则因为自己为孩子牺牲太多而过分要求孩子回报。前者让孩子感情淡漠，后者则过分刺激孩子的感情。两者都不能让家庭发挥最好的功效，以提供简单自然的幸福。

看过这么多问题之后，谁还会问出生率为什么下降？大体看来，出生率降低很快会让人口减少，但是在较富裕的阶层里，均衡点早就破坏了，几乎在所有高度文明的国家都是如此。关于富裕家庭的出生率，还没有确凿的统计数字，但是我们可以从珍·艾林的书中引用两个事实。在一九一九年到一九二二年间，斯德哥尔摩职业妇女的生育率只占全体妇女的三分之一；而在美国，韦尔斯利学院的四千名毕业生在一八九六年到一九一三年间只生了三千个小孩，而要人口不至于减少则需有八千个小孩，且得没有夭折的情况出现。白人创造出来的文明好像都有这种降低生育率的奇怪特色。最文明的地方也是生育率最低的地方，而最不文明的地方生育率却是最高的，在这两者之间还有不同的层级。

目前，西方世界最聪慧的那部分人正在慢慢地消亡。几年后，西方国家的人口会减少，除非有从较不文明地区过来的移民加入。而一旦这些移民适应吸收了当地的文明，他们也一样会变得不爱生育。有这样特性的文明显然是不稳定的，除非我们能够找到办法增加人口，要不然，这样的文明很快就会让位给持续保有生育诱因的文明。

每一个西方国家的官方道德家都开始以劝导和柔性的方式来解决这个问题。一方面，他们宣称，每对夫妇都有义务遵照上帝的旨意生育孩子，不管孩子是否健康快乐。另一方面，男教士叨念着为人母的神圣快乐，谎称拥有一个贫病交迫的大家庭是幸福的来源。政府也来插一脚，说我们必须有足够的人口当战场上的炮灰，因为如果没有足够的人口可供摧毁，又怎么能让精良的武器发挥功用？怪的是，就算做父母的认为他人应该相信这些论调，自己却对这种论调装聋作哑。

教士和爱国者的这种心理是错误的，如果教士倡导的地狱之火的论调真能够威胁到人，那么也仅有少数人会把这种威胁当作一回事。而更轻微的威胁，是无法对此等私人议题起任何作用的。而政府的论调，基本上过分残暴。也许真有人认为我们需要足够的人口当炮灰，但是没有人会希望自己的孩子是炮灰。因此，政府能做的只有让穷人持续地处在无知的状态里，但是统计数字表明，这样的做法只有在落后的西方国家才可能发挥功效。即使真的存在关于生育的社会责任，也很少有人会出于这项责任而生小孩。人们之所以想生小孩，是因为他们觉得孩子会带来快乐，或者是他们欠缺避孕知识。后一种情形至今仍较普遍，但是已经在慢慢减少。再者，也没有任何教会或政府的力量可以避免生育率的持续下滑。因此，白人如果要延续种族，必须让为人父母者从养育孩子中感受到幸福。

如果我们只考虑人类天性，而不考虑人们所处的社会环境，那么我认为，为人父母在心理层面上无疑可以得到巨大且持续的快乐。在这一点上，女性的体会定会比男性更深刻，不过男性可以得到的快乐，也比一般以为的要多。历史文学作品多认定其为理所当然。赫卡柏对孩子的关心比对丈夫普里阿摩斯多；麦克德夫对孩子的关心比对妻子多；在《旧约》中，不管男女都热衷于繁衍后代；在中国和日本，传宗接代的观念则一直延续到现在。有人说，这样的观念来自对祖宗的崇敬，然而，我觉得恰恰相反，崇敬祖宗只是人们想要延续香火的表现。

回到我们之前讨论过的职业妇女。对她们来说，除非想要孩子的念头非常强大，否则没有人会想要为此做出任何牺牲。就我的个人经验而言，我从为人父这件事之中得到的快乐远比从其他事情中得到的快乐多。我认为，当环境诱使人们放弃拥有孩子的幸福，一种内在的基本需要将永远无法得到满足，甚至会造成莫名的不满足和精神萎靡。

要在这世界上享有幸福，尤其在青春已逝的年纪，人必须要感到自己不是即将告别尘世的孤独个体，而是生命洪流的一部分，可以从单一的细胞延续到无穷的未来。从理性的角度来看，这种观点无疑是层次高深且极富智慧的，而从模糊的情感上来看，它是相当原始、自然的，而且并不存在于高度文明的世界里。那些拥有伟大成就、名垂青史的人，也许能通过成就而让生命在死后仍得以延续。但是对于没有特殊才能的人而言，生养孩子是他延续生命唯一的方式。生育欲望萎缩，等同于把自己拉离生命的洪流，而且得承担生命消逝的危险；除了特别出众的人之外，其他人的死亡意味着一切的终结。死后的世界与他们毫不相干，也因此，那些人对于自己的无所作为满不在乎。对于那些子孙众多的人而言，未来相当重要，至少在他们的有生之年是如此。这种感觉不仅出于道义或想象，还出于自然和本能。一个将感兴趣的对象扩展到一己生命之外的人，自然有能力将其生命延展开来。亚伯拉罕想象他的后代会继承应许之地，光是这个念头就无疑会带给他幸福，尽管它也许要到很多代以后才会实现。也因此，他才得以从可能扼杀自己所有情绪的空虚感中得救。

当然，家庭的基础建立于父母对孩子的特殊情感之上，这种情感和他们彼此之间的或对待别家孩子的情感不同。当然，有的父母感受不到对孩子的爱，有的女性将别的孩子当成自己的孩子一样爱护。不过，一般来说，父母之爱是正常人类对自己孩子独有的感觉，承继自动物祖先的天性。在这一点上，弗洛伊德的观点在我看来就不那么生物性了。如果观察动物的妈妈和幼崽，可以发现这位妈妈的行为跟它和同龄雄性动物相处时不同。这样的行为模式跟人类一样。如果不是因为这种特殊的情感，家庭这种制度也没什么值得讨论的，因为孩子让专业保姆带也是一样。

然而，只要这种父母之爱没有消退，它对于子女或者父母就都是相当有价值的。父母对子女的情感价值，比任何其他种类的感情更值得依靠。朋友间的感情是基于彼此的优点，情侣间的爱情是基于彼此的魅力。如果优点和魅力不存在，朋友或是爱人关系便会消失。当一个人遇到不幸时，父母的爱最值得信赖，孩子不管是在生病还是受侮辱的时候，都可以依靠父母的爱。受到别人赞许时，我们会感到快乐，但是有自知之明的人都知道这样的赞许可能会消失。而父母爱着我们，只因为我们是他们的子女，没有人可以改变这一点，所以比起其他人，父母让我们更感到安全。当我们身处顺境时，这份爱看起来可能微不足道；但当我们失败受挫时，它为我们提供了别无他寻的避风港。

所有的人际关系中，让其中一方得到快乐比较容易，要让两方都得到快乐相对困难。狱卒以监视犯人为乐；老板也许以恫吓员工为乐；统治者也许享受控制子民的快感；老派的父亲乐于棒打孝子。然而，这些乐趣都是单方面的快乐，另外一方在这些情况里显然难以快活。我们逐渐感到，单向的快乐并不让人满意，而良好的人际关系应该能够同时带给双方快乐。这种相互性在亲子关系上尤其重要，如今的父母从孩子身上得到的快乐比从前少，而孩子则比从前少受一些父母的折磨。我不认为其中有什么特定的原因，虽然事实如此。但我也不认为父母应该有任何理由不去增加孩子的快乐。但是要达到这一地步，就必须像现代社会期望达成的平等那样，人与人之间得有一定程度的细腻和温柔，以及对他人相当程度的尊重，但是这些都绝非一般好斗的人可以做到的。我们在考虑为人父母的快乐时，先从其生物本质上来看，其次考虑父母以平等的态度对待自己的孩子时，所能获得的快乐。

为人父母的快乐的原始来源有两方面。一方面，做父母的会感觉到自己的一部分得以延续，而这个延续的生命也可能依此方式再度延续，那么生命就能不朽。另外一方面，为人父母展现了权力和温柔的完美结合，新生命看起来很无助，所以父母内心有股满足其需求的冲动，这股冲动不但满足了父母对子女的爱，也满足了父母对权力的欲望。只要他们觉得婴儿无助，他们给予的爱就不是无私的，因为那是保护自己软弱的一部分的天性。在孩子很小的时候，父母对权力的爱和为孩子好的欲望便开始产生冲突，虽说掌控孩子的欲望是由天性所驱动，但如果孩子能够尽快地学习独立，也是件好事，而这和父母的权力欲相抵触。有些父母从来没有意识到这种冲突，总是专制地对待孩子，直到孩子有能力反抗。而有些人能觉察到这样的冲突，在这两种冲突的情绪下受苦，失去了为人父母的快乐。他们照顾子女，最终屈辱地发现，孩子变得和他们希望的完全不同。他们希望孩子成为军人，而孩子却成为一个和平主义者。或者，像是托尔斯泰的父母，他们希望他成为一个和平主义者，他却参加了黑色百人团[1]。但也不是只有在这种情况下，为人父母者才感觉到困难。如果孩子已经会自己吃东西了，你还持续地喂他，那就是把对权力的欲望看得比孩子还重要，尽管你只是好心地想省去孩子的麻烦。如果你让孩子对危险过分敏感，那么你也许只是希望孩子依赖你。如果你给孩子夸张的爱护且要求他的回应，那么你是想以情感控制他。占有及冲动，让父母在或大或小的各种决策上犯错，除非他们非常小心或者确定自己的动机是纯正的。

现代父母了解这种危机的存在，有时候会失去照顾孩子的自信，反而更难好好照顾孩子，还不如允许自己有犯错的时候，因为没有比不确定和缺乏自信更容易在孩子的心灵种下忧虑。因此，比小心翼翼更好的方式是维持心思的纯粹。一个真心把孩子摆在自己的权力欲之上的父母，很容易就能将孩子导上正确的路，他们不需要由心理分析教科书告诉他们什么该做、什么不该做。在这样的情况下，

---

[1] 黑色百人团，俄国君主派人士于1905年组成的保皇武装恐怖组织。

亲子关系自始至终都会保持和谐，孩子不会叛逆，父母也不会头痛。但这需要为人父母者能够在一开始就尊重孩子的个性——不只是原则上的尊重，而是不论孩子在道德或智力上如何，都深深感觉得到这股近乎神秘的信念，让所有的占有或是压迫的行为都变得不可能。当然，我们不是只有在对待孩子时需要这样的态度，在婚姻关系和朋友关系中，这种态度也是必要的，虽然在朋友关系中，比较容易实现这样的尊重。在一个美好的世界里，这样的尊重会遍及不同团体间的政治关系，但这是一种奢求，我们还是别对此念念不忘。放眼望去，最需要这种亲善态度的就是孩子了，因为他们无助，而且脆弱。

在现代社会里，父母只有对孩子真正尊重，才有可能获得为人父母的快乐。只有这样，父母才不会因为权力欲被抑制而感到厌烦，也不用担心孩子自由独立之后自己会很失落。而持有这种态度的父母所拥有的快乐，比那些专制型父母于权力极盛时期拥有的还要多。被温柔洗刷过的爱，可以洗去所有倾向暴力的天性，还可以让快乐变得更特别、更温馨，还能够把寻常金属般的日常生活改造成像纯金一般神秘欢愉，这是任何一个想在这不易立足的世界上竭力维持自己的权力地位的人所享受不到的快乐。

当我大力鼓吹父母之爱的价值时，我绝没有想要暗示（虽然很普遍）这样的结论：母亲应该尽可能地为孩子尽心尽力。在以往，没有人知道该怎么照顾孩子，只能靠老一辈的妇女把一些没有科学根据的常识传给年轻妇女，那时候，母亲照顾孩子是天经地义的。

现代社会则普遍认为把照顾孩子的责任交给专业人士来处理更佳，这也被教育部认可为一门专业的学科。不管怎么爱孩子，母亲也可能无法教导孩子微积分。关于书本上的知识，人们明白，与其让不懂的母亲来教，还不如委托专业人士。但是书本以外的部分，无疑最好让母亲来指导。不过，当孩子愈长愈大，学的东西也愈来愈多，就更需要让其他人来教导了。如果大家都认可这样的态度，也会减轻母亲的困扰，因为她们不需要再从事自己不擅长的事。不管是对个人还是群体而言，一个拥有专业技能的女性，就算成为一个母亲之后，还是最好让她有继续在工作岗位上发挥所长的机会。也许在怀孕后期以及哺乳期，她没有办法工作，但是孩子九个月大之后，重回职场就不再有什么不可逾越的障碍了。

当社会不合理地要求母亲为孩子牺牲，这个并非圣人的寻常母亲就会过度地希望获得孩子的回报。那些强调自己为孩子牺牲很多的母亲，大部分都非常自私。即便为人父母是生命中很重要的一部分，我们也不能把它当成人生的全部，否则，它就不再令人愉悦，而且会让我们变成情绪上想要牢牢抓紧孩子的父母。因此，为了双方好，身为母亲的人还是不应该轻易切断自己的兴趣爱好。如果她很会照顾孩子，她可以利用这份知识从容地照顾自己的孩子，也可以以此为职业，专业地照顾一群儿童，包括自己的孩子。如果父母已经尽到国家规定的基本责任，只要他们不逾越专业的意见，他们有权利对谁该照顾他们的孩子和孩子该受到怎么样的照顾发表意见。但是不应该强制要求一位母亲去做她不擅长的事情。面对孩子时手足无措且对他们的行为百思不得其解的母亲并不少见，她们应该停止犹豫，就让受过专业训练的其他女性照顾自己的孩子。上天并不会赐予女人扮演好母亲角色、照顾好孩子的本能；当关怀超越某个程度，它就变成占有欲的伪装。很多小孩心理上的创伤，都是由母亲的无知和多愁善感造成的。人们通常认为父亲较不善于照顾孩子，尽管如此，孩子还是像爱母亲一样地爱着父亲。要想让女性从不必要的奴役中解放，同时也让孩子能够受益于对身心养成有帮助的科学知识，我们就必须倡导母子关系也该像父子关系一样发展。

要在这世界上享有幸福，尤其在青春已逝的年纪，人必须要感到自己不是即将告别尘世的孤独个体，而是生命洪流的一部分，可以从单一的细胞延续到无穷的未来。

良好的人际关系应该能够同时带给双方快乐。

上天并不会赐予女人扮演好母亲角色、照顾好孩子的本能；当关怀超越某个程度，它就变成占有欲的伪装。

要想让女性从不必要的奴役中解放，同时也让孩子能够受益于对身心养成有帮助的科学知识，我们就必须倡导母子关系也该像父子关系一样发展。

什么样的工作会让人快乐？

▌ 长远看来，幸福最重要的元素之一，就是能够持续地认定自己的
存在是有价值的。

　　工作该归类为造成快乐还是不快乐的原因，真是让人
很难决定。当然总是会有让人心生厌烦的工作，而过多
的工作的确让人痛苦。然而，我认为，只要工作量不是
特别大，对大部分人来说，再无趣的工作也比无所事事要
好。根据工作的性质和工作者的能力，工作可以分为很多
种，有单纯打发时间的工作，也有给予人深层愉悦的工作。
大部分人的工作都不怎么有趣，但就算是这样的工作也有
优点。
　　首先，工作能填满一个人一天的主要时间，让人不需
要老想着该做些什么。大多数人一旦能自由地按照自己的
选择来打发时间时，反而会茫然不知所措，想不出什么令
人愉快也值得去做的事。而不管他们最后决定做什么，总

是觉得别的主意更好。能够明智地享受闲暇时光是文明的最后产物，现代社会中，很少有人能达到这个水平。此外，做决定本身就很累人。除了那些主动性很强的人以外，其他人宁可让别人来告诉他们该做些什么，只要该做的事情别太烦闷即可。很多富有的人都有种说不出的苦闷，仿佛这是免除劳动必须付出的代价。他们偶尔到非洲去打猎，或者去环游世界来放松心情，但在青春逝去之后，这些活动带来的快乐也实在有限。因此，聪明的有钱男人还是像他们穷苦时一样辛苦地工作，有钱的女人则忙于她们自以为重要的无聊琐事。

因此，人是需要工作的。首先且最重要的原因是，工作可以防止无聊。人们从无趣的工作中产生的无聊感，远远不及无事可做的无聊感。工作的另外一个好处就是，让假日更加令人期待。只要一个人的工作不至于让他忙到耗尽体力，他就一定可以在空闲时找到比任何一个游手好闲的人更多的乐趣。

有薪工作或某些无薪工作的第二个好处是，它带来成功和满足抱负的机会。在大部分工作中，成功与否是以收入来衡量的，只要资本主义社会仍在，这样的衡量方式就不可避免。只有当一个人认为他从事的工作是最好的工作，这样的衡量方式对他而言才会自动失效。工作者想要更多的收入，背后的原因是渴望更多的成功，因为更多的收入可以提供更舒适的生活。一份工作再无趣，只要它可以建立起个人在世界上或自我社交圈的名声，那它的无趣也变得可以容忍。长远看来，幸福最重要的元素之一，就是能够持续地认定自己的存在是有价值的，而大部分人借由工作来达到这个目标。这样看来，那些被家务占满时间的女人，的确比男人或职业妇女更加不幸。家庭主妇没有薪水，也没有自我实现的方式，丈夫把她的存在当作理所当然（他基本上看不到她的贡献），她在丈夫眼中的价值来自其他的特质，和她做的家事毫无关系。当然，这样的情况可能不适用于那些特别能干的家庭妇女，她们把家布置得漂漂亮亮，整理美丽的花园，让邻居都羡慕不已。但是这样的女人很少，大部分情况下，家务带给主妇的满足远远比不上工作带给男人和职业妇女的满足。

消磨时光，或多或少满足抱负，是大部分工作可以提供的满足，足以让一个从事无趣工作的普通人，比起游手好闲的人，得到更多的快乐。但是有趣的工作不仅能够让人从无趣中解脱，还能够带来更高程度的满足。根据有趣程度，这类工作分为相当多的层级。我要先从只是稍微有趣的工作谈起，最后谈到值得一个伟大的人贡献全部能量的工作。

让工作有趣的主要元素有两种：技巧性和建设性。

任何学到某些特殊技巧的人，都喜欢持续地运用这份技巧，直到它变得平凡无奇，或者无法再精进为止。我们从幼儿时期就可以看到这种倾向：学会倒立的男孩变得不情愿用脚站立。很多工作都可以提供类似从游戏中获得的乐趣。律师或政治家的工作想必提供了类似玩桥牌能得到的乐趣，甚至更加美妙。当然，在这个例子中，他们不但需要运用技巧，还必须比敌手更机智。然而，就算拔除了竞争这个元素，光是完成困难的任务就让人心满意足。一个在飞行表演中当替身的人，一定觉得其中乐趣无穷，值得他赌命。在我的想象中，尽管外科医生处在压力巨大的工作环境中，他必然也从手术的精准中得到了乐趣。从技术性次一等的工作中也可以获得一样的乐趣，尽管密度不会那么高。我曾经听说有水电工热爱他的工作，不过我运气不佳，还没有遇过这样的水电工。所有需要技巧的工作都有带给人乐趣的共性，只要这技巧有价值和无限的进步空间。如果缺乏这些条件，那么当工作者将他的技巧练习到极致，这份工作也就不再有趣了。一个中距离跑步运动员，当他超过可以破纪录的年龄时，就不会再认为这份工作有趣。幸好，很多工作都有技术提升的空间，所以工作者可以持续地进步，直到中年。不过，对于有些工作，愈老者愈干练，像是在政坛上，似乎六十到七十岁之间是最好的年龄，因为与人相处的经验对这份工作很重要。因此，一位七十岁的政治家可以比同样岁数但从事别种工作的人更快乐，唯一可以和他们媲美的，是商场上的巨头。

有趣的工作还拥有另外一个元素，从快乐来源的角度来看，这个元素比运用技巧更加重要，就是建设性。在有些工作中，可以建立起某种完成后依旧存在的纪念碑。也许可以用以下的条件来区分建设和破坏。在建设中，事物的初始状态是偶然的，但是在最终阶段，人们得以建立起为了某种目的存在的东西。破坏则是把上述过程颠倒过来：开始时，事物的存在体现了某种目的，最后的状态却很偶然，换句话说，破坏者刻意制造出不为任何目的而存在的东西。

这样的定义也适用于最直接浅显的例子，也就是建筑物的建设和破坏。盖一栋房子时，我们必须要依照之前设计好的计划工作，拆建过程中难免有破坏，但此时的破坏只是整体计划中的一部分，并不影响这个计划的建设性。某些人只破坏，之后却没有建设。他也许常常欺骗自己，这样做只是扫除建设新事物的障碍，但如果这个信念只是一种借口，只要问他接下来如何建设就可以揭穿他。面对这个问题，他铁定回答得模棱两可、毫无热情，但如果谈及的是建设初期的破坏，他就会兴致勃勃地给你精准的答复。不少革命家、军事家及他种暴力的信徒皆然，也许他们并不觉得自己是被憎恨驱动才进行毁坏。摧毁他们憎恨的东西是他们的真正目的，至于之后会发生些什么，他们很少关心。

我不否认破坏性的工作和建设性的工作一样有其乐趣，但前者残暴、强烈，无法带给人如建设性工作一样的满足感，因为最终的产物中没有可以抚慰人心的东西。你杀敌，敌人死了之后你的工作也完成了，从胜利得来的喜悦很快就消失了。反过来，完成了建设性工作之后，有件东西让人光是想着就开心不已，要是这件东西还不够完善，你会想着可以再做些什么。最让人心满意足的目标，就是那些永无止境地将人从这个成功带到下一个成功的目标。也因此，建设性的工作当然比破坏更能成为快乐的来源。也许更准确的说法是，那些在建设中得到的满足，比起破坏爱好者在破坏中可以得到的满足感更大，因为心灵一旦被憎恨占满，就更不容易从建设中得到快乐。

而且，很少有什么事情能比一种重要的建设性工作更能治愈人们仇恨的习惯。

创业成功得到的满足，在生命中可算是一种巨大的快乐，不过，只有具备卓越能力的人才有缘取得。没有人能够夺走某人在成就中得到的快乐，除非该份成就只是失败的明证。这类满足有很多种形式。从事灌溉工程的人，他的工作是让野地的花朵像玫瑰般盛开，这即是享受此类满足的一种形式。创建某个组织可能是相当重要的工作。政治家为了在混乱中创造秩序而献身，也是相当重要的，列宁就属于这一类佼佼者。最明显的例子是艺术家和科学家。莎士比亚谈论他的诗作时说："只要人们还在呼吸，眼睛还可以看见东西，这诗作就会永远存在。"无疑，这样的念头让他在遭受不幸时得到慰藉。在他的十四行诗中，他强调对朋友的想念将他拉回人生的道路，但我忍不住猜想，他写给他朋友的十四行诗比他的朋友更有功效。伟大的艺术家和科学家从事的工作本身就是令人愉悦的。当他们工作时，他们得到值得拥有的尊重，这尊重带给他们最基本的能力，也就是运用人类想法和感觉的能力。他们也有充分的理由为自己感到骄傲。种种幸运条件的结合，足够让任何人快乐了吧！不过，情况不完全如此。举例来说，米开朗琪罗就非常不快乐，并且他坚持认为（虽然我并不觉得是事实），要不是为了帮穷亲戚还债，他才不会花这么多的工夫来创作。通常，创造伟大艺术作品的能力总和不快乐的脾性牵扯在一起，这种不快乐是如此强大，以至于艺术家要不是能从他的创作中得到快乐，早就自杀了。我们没办法下结论说，伟大的作品必定会让创作者快乐，我们只能说它会让人少一些不快乐。然而，科学家不像艺术家经常有不快乐的脾性，大部分科学家都是快乐的，工作是他们主要的快乐来源。

现今社会上，有才能的人不快乐的原因之一，就是他们之中的很多人，尤其是擅长文学的人，找不到能够独立发挥才能的机会，只好为富有的公司工作。这类公司通常由文化修养低的人经营，他们总是要求有才之士制造一些连自己都认为无聊的东西。如果你问英国或美国的新闻从业者是否相信自家媒体的方针，我料定只有很少人相信。其他人都是为了糊口，为他们认为有害的目的出卖技能。这样的工作没有办法带来真正的满足，而在勉强自己做这份工作的过程中，这些人变得愤世嫉俗，无法再从任何事物中得到全心的满足。我并不想责备从事这些工作的人，因为饿死并不是更好的选项，但如果有可能在可以糊口的前提下，找到满足人类建设性冲动的工作，那么为了这个人的幸福着想，他应该从事这份工作，而不是找一份薪水较高却不值得从事的工作。真正的幸福很难在缺乏自尊的条件下产生。而一个对自己的工作感到可耻的人，很难实现自尊。

也许从建设性工作中得到满足是只属于少数人的权利，但是这少数人的总数也不少。任何能够在工作上自主的人，都可以感受到这种满足。从事自己认为有价值且需要相当技巧的工作的人，都可以感受到这种满足。教养出令人满意的子女也是相当困难的建设性工作，它也能为我们带来深层的满足。一个实现上述目标的女性，应该认为她的辛苦付出的确为这个世界创造了价值。

在是否能够将自我的生命看成一个整体这件事上，每个人的差异相当大。对有些人而言，这很简单，而这也是获取幸福的关键。对另一些人而言，生命由一系列的散乱事件组成，无法整合，也没有所谓的整体方向。我认为前一种人比后一种人更能得到幸福，因为他们会逐渐建设起让自己从中得到满足和自尊的环境；而后一种人只能随波逐流，今天是这样，明天又是另一个样，无法安定。能够将生命看成一个整体，是一个人拥有智慧和真正的道德的重要指标，我们也应该在教育中倡导这一点。有持续不变的目标不是幸福生活的充分条件，但它几乎是幸福生活的必要条件，而持续不变的目标主要体现在工作中。

┃ 人是需要工作的。首先且最重要的原因是，工作可以防止无聊……工作的另外一个好处就是，让假日更加令人期待。

我不否认破坏性的工作和建设性的工作一样有其乐趣，但前者残暴、强烈，无法带给人如建设性工作一样的满足感，因为最终的产物中没有可以抚慰人心的东西。

心灵一旦被憎恨占满，就更不容易从建设中得到快乐。

真正的幸福很难在缺乏自尊的条件下产生。而一个对自己的工作感到可耻的人，很难实现自尊。

能够将生命看成一个整体，是一个人拥有智慧和真正的道德的重要指标，我们也应该在教育中倡导这一点。

大开心灵之窗，拓展闲暇兴趣

> 我希望让年轻人积极了解过去，认识到比起个人的生命，人类的未来可以无限延伸，认识到这个行星的渺小，而生活在这个行星上的我们倏忽即逝。

在这一章中，我想要讨论的不是建构人生志业的主要兴趣，而是填满休闲时间、让人可以在严肃的要务之外得到放松的兴趣。在一般男人的生命中，妻小以及经济状况占据了他大部分的思考时光。即便他有婚外情，这个婚外情大概也不会像他本来的家庭般对他影响重大。那些和工作相关的兴趣，并不是我们这一章要讨论的重点。举例来说，科学家必须在研究的路上与时并进，当他研究和自己工作相关的课题时，他感觉到的温暖和活跃都和他的事业息息相关，如果阅读和自己工作不相关的研究报告，则可以采取另外一种心情来吸取这些知识，不需要那么严肃、挑剔。他就算需要花费心思来理解这些研究报告，仍然是以一种放松的心情来阅读，因为这些研究和他的责任无关。如果那些书吸引着他，这份兴趣就是闲暇兴趣，而他无法用这样的心情来对待和自己工作相关的课题。在这一章，我想要谈论的就是一个人的主要生命活动之外的兴趣。

一个人不快乐、疲劳或紧张的根源之一，就是对生活中不重要的事情提不起兴趣。这是由于人的意识总是被让人焦虑或担忧的事情盘踞而无法休息。只有在睡觉的时候，意识才终于可以休息，让潜意识逐渐收获成熟的智慧。这让人情绪不稳定、缺乏判断力、易怒、分不清轻重。以上是疲劳的原因也是后果。当一个人越来越疲劳，他外在的兴趣就会慢慢地消失，当它们全都消失后，这个人也丧失了放松心情的能力，变得更加疲惫，这种恶性循环很容易造成崩溃。

为什么外在的兴趣可以让人放松呢？因为不需要采取任何行动。做决定、运用意志都是很累人的事情，在时间紧迫、没有潜意识的帮助下完成这些动作更是如此。那些认为在做重要决定之前该先休息一会儿的人是正确的。但潜意识并非只有在睡觉的时候才能发挥作用，它也可以在意识被其他事所占据的时候发挥作用。当工作结束之后，可以抛开工作直到隔天上班的人，比工作之余还为工作上的事担忧的人更能做好该份工作。而一个有许多兴趣的人，比起一个只有工作的人，更有可能在下班的时候忘记工作。然而，这些兴趣不能占用工作时需要的精力，不应该消耗过多的意志以及判断力，不应该像赌博一样和金钱扯上关系，也不能太刺激或占用太多意识，否则会造成情绪的疲乏。

很多娱乐都符合上述的条件，比如看球赛、看电影、打高尔夫球。喜欢看书的人阅读和自己工作无关的书籍也是相当不错的选择。不管生活中有多大的烦恼，都不应该让它占据你全部的生活。

在这点上，男人和女人很不一样。男人基本上比女人更容易忘记工作。如果女人的主要工作场合是在家里，那这无可厚非，因为她们不像男人一样可以离开办公室，从而有机会转换心情。而在外工作的女人像家庭主妇一样，很难对没有实际重要性的东西感兴趣。她们的心思和活动被工作目标牢牢地占据，很难对无须费心思的闲情逸致感兴趣。当然也有例外存在，但是一般来说就是如此。举例来说，在女子学院里，女性的晚间话题都是工作，但在男子学院，情况就截然不同。女性的这一特点体现出她们比男性有更高的责任感，但我认为从长远来看，这并不能提高她们的工作质量，反而通常会导致偏狭，甚至狂热。

闲暇时的兴趣除了让人放松之外，还有多种用途。首先，它能让人保有良好的分寸感。我们很容易过分专注于个人的追求、个人的小圈子或工作，而忘记这些在人类的活动中只占很小的一部分，世界上绝大部分事情都不会因为我们的所作所为而受到影响。你也许会问，为什么我们要记得这一点呢？有几个答案。首先，了解与我们专注的活动同时运行的真实世界的面貌是件好事。我们在这世界上存活的时间非常短暂，而在这短暂的时光中，一个人应该去理解这神秘的星球及其在宇宙中的位置。忽视自己求知的机会（尽管这些机会并不完美），就像走入戏院却不聆听表演一样可惜。世界有多种面貌，喜剧的、悲剧的、雄壮的、古怪的或惊人的，对这些多样性完全不感兴趣的人，就如同放弃了生命所提供的一种特权。

分寸感非常重要，有时候还会抚慰人心。我们对于自身存于其中的世界一隅，以及我们从出生到死亡的短暂一生，有着过分的激动、紧张，也过分地看重。这种过分激动和对于自身重要性的高估是不可取的。这样的想法虽然能促使我们更卖力工作，却无法让我们工作得更出色。量少质精的工作比量多质差的工作好，尽管那些勤勉的鼓吹者并不这么认为。那些对工作太过投入的人，总是面临陷入狂热的危险——专注于一两件喜欢的事而忘记所有其他的事，并且为了完成这一两件事，不顾其他任何负面影响。要预防这种狂热的脾性，最好的办法就是让这个人对自己的生命以及自身在宇宙中的位置有一个宏观的认识。引入这样一种人与宇宙的连接似乎有些小题大做，但是撇开它的用途不说，这样的认识本身也很有价值。

现在高等教育的一个缺陷，就是过分注重对某些技能的培训，而缺乏对于世界公正广泛的观察，以训练、拓展思维与心灵的格局。如果你过分沉浸在政治斗争里，为了让服务的政党获胜而辛苦工作，你会发现你必须用增进仇恨、暴力和怀疑的方式来取得胜利。举例来说，也许你发现欺辱他国是通往胜利的捷径。如果你的心智范围只局限于现在，或者你被效率至上的观念洗脑，那么你就很可能采取这种不良的手段。经由这些手段，你也许会赢得眼前的成功，但是在远处等着你的可能是场大灾难。反之，如果你想着过去的人类是经过多么漫长的过程才走出蛮荒，而和宇宙星辰比起来，生命又是多么短暂，你就会发现这短暂的争斗实在没必要，人类好不容易才从暗黑时代挣扎出来，岂能再走回头路？同时，如果你遭遇挫败，你也懂得这只是暂时的，而不会去使用卑劣的手段。在当前的活动之外，你会拥有长远且日渐明确的目标，在这些目标中，你不是孤立的个体，而是带领人类走向文明的一分子。一旦你有了这种远见卓识，那么不管命运将带领你走向何处，某种深层的幸福将永远不会离开你。你的生命将和各个时代的伟人在同一个集合里，个人的死亡不足挂齿。

如果我有权力构建我们的高等教育，我会替换掉老旧的标准的宗教教义，这些教义吸引不了年轻人，只能得到既无智慧又最蒙昧的人的青睐，或者说，它们其实根本就不该被称为宗教，只不过是一些老生常谈罢了。我希望让年轻人积极了解过去，认识到比起个人的生命，人类的未来可以无限延伸，认识到这个行星的渺小，而生活在这个行星上的我们倏忽即逝。这些事实似乎一直在强调个人的微不足道，但是年轻人将会惊喜地发现，个人能够到达的境界其实相当伟大，而在浩瀚的宇宙中，我们也尚未找到与此有同等价值的东西。很久以前，斯宾诺莎曾谈论过人性的枷锁和自由，他写作的形式和使用的语言让哲学系以外的学生难以理解他的观点，但他所说的和我在此想表达的观点其实没有什么不同。

当一个人知晓让灵魂变得伟大的方式后，他如果继续允许自己挑剔、自私、为琐事烦心或担心未来的命运，便不再能够感到快乐。能够拓展自我灵魂的人，会大开心灵之窗，让从各处刮来的风自由无阻地进入。在个人所能达到的极限内，他对自我、生命和世界都有最真实的认识，了解人类生命的短暂和微不足道，也意识到已知宇宙的一切价值都汇聚在个人的心中。而且他知道，可以映照整个世界的心灵，会变得和世界一样伟大。一旦从被命运操弄的恐惧中解放出来，人就能够体验深刻的幸福，任凭万物变迁，他仍然是一个幸福的人。

　　离开这些宏观的思考，回到我们更直接的话题上来，即闲暇兴趣的价值，还有另一个因素使它们成为创造快乐的好帮手。一个人的生命就算再顺遂，还是会有不如意的时光。除了单身汉，很少有男人不和妻子吵架；很少有父母不会因为孩子生病而焦虑；很少有生意人没有经历过财务上的压力；很少有工作者没有被失败找上门过。在这样的时刻，如果能够将注意力转到和焦虑不相关的兴趣上，真是天大的福气。在一筹莫展的焦虑状况下，有人玩西洋棋，有人读侦探小说，有人沉浸在天文学里，有人则阅读与迦勒底的吾珥相关的考古文献来抚慰自己。以上四种都是明智的做法。在焦虑之下，一个人如果不懂得采取行动来转移注意力，而是任凭困扰占据心灵，那么就算机会来临，他也无力解决自己的问题。

同样的逻辑也适用于无法弥补的悲痛，比如挚爱的人死亡。在这样的情形下，一味沉浸于痛苦对我们一点帮助也没有。一定程度的悲痛是不可避免的，但是我们应该尽可能地做些什么来减少痛苦。有人想要从不幸中萃取苦痛的菁华，这不过是徒添让人多愁善感的折磨罢了。我并不否认有些人会被悲伤击垮，但是每个人都应该努力挣脱这样的命运，尽可能寻找转移注意力的方式，什么样的方式都好，只要不是有害的或可耻的方式。所谓有害的或可耻的方式，包括酗酒和吸毒，虽说酒精或毒品的使用者当时只是想麻痹思绪，让自己暂时摆脱痛苦，但正确的方式应该是把思绪移转到新的频道，或者是任何远离不幸的地方，而非麻痹自己。如果一个人只专注于少数的兴趣，而这些兴趣目前都被不幸所笼罩，那么他就很难转移思绪。一个人要想在不幸发生的时候能扛过去，最好是在快乐的时候就培养广泛的兴趣，让心灵可以为不幸预备好一方宁静的空间，让它联结起别的思绪，以替代因为不幸而产生的难以承受的悲痛。

一个充满活力和热情的人，能在一次次无情的打击后再站起来，战胜不幸，他的世界并不狭隘，所以一点点损失并不会造成致命的后果。那些被一件事或几件事就打倒的人不值得赞许，而是该因其生命力的衰竭而被痛惜。我们人类所有的情感都受制于死亡，而死亡可能在任何时候夺走我们所爱的人，因此，我们的生命不应该过分狭隘，不应让所有的生命意义和目的都受偶然事件的摆布。

基于以上种种原因，一个以明智的方式追求幸福的人，会在培养他生命的核心兴趣之外，发展出更多的兴趣。

我们在这世界上存活的时间非常短暂，而在这短暂的时光中，一个人应该去理解这神秘的星球及其在宇宙中的位置。忽视自己求知的机会（尽管这些机会并不完美），就像走入戏院却不聆听表演一样可惜。

能够拓展自我灵魂的人，会大开心灵之窗，让从各处刮来的风自由无阻地进入。在个人所能达到的极限内，他对自我、生命和世界都有最真实的认识，了解人类生命的短暂和微不足道，也意识到已知宇宙的一切价值都汇聚在个人的心中。

一旦从被命运操弄的恐惧中解放出来，人就能够体验深刻的幸福，任凭万物变迁，他仍然是一个幸福的人。

一个人要想在不幸发生的时候能扛过去，最好是在快乐的时候就培养广泛的兴趣，让心灵可以为不幸预备好一方宁静的空间，让它联结起别的思绪，以替代因为不幸而产生的难以承受的悲痛。

努力奋进还是听天由命？

▍ 幸福并非天赐，而是必须努力追求的。

　　中庸之道是乏味的道理。我年轻时对中庸之道十分蔑视和愤慨，因为当时我心之所向的是极端的英雄主义。然而，真理并不总是有趣，而很多人相信一件事情只是因为它有趣，尽管这件事在其他方面找不到佐证。中庸之道就是这样，它虽然并不是有趣的道理，却在很多事情上呈现它的价值。

　　中庸之道的一个必要方面是努力奋进和听天由命之间的平衡。努力奋进和听天由命这两者都有极端的鼓吹者。圣者和神秘主义者鼓吹听天由命，效率专家和勇猛的基督教徒则鼓吹努力奋进。这两派各有各的道理，但都不全面。在这一章中，我想要试着平衡两者。让我先从努力奋进的好处谈起。

　　只有在极少数的情况下，幸福才会像熟透的果实，在某些幸运的环境中自动地掉入人的嘴巴。这也就是为什么我称这本书为"幸福之路"。这个世界中充满不幸，有的可以回避，有些则无法避免，还有许多疾病、心理问题、斗争、贫穷和恶意，想要获得幸福的人必须找到足以面对种种可能发生的不幸的方法。只有在极少数的例子里，人不需要努力就可以得到幸福。一个继承巨大财富、健康又没有特殊需求的幸运者，他会舒舒服服地过一生，对别人把追求幸福当作一件特别的事感到不可思议。一个懒惰但是面貌姣好的女人，如果嫁了个富有且对她没什么要求的丈夫，若她婚后也不介意变胖，且幸运地有不错的孩子，那么她同样可以享受某种慵懒的幸福。但是这样的例子少之又少。大多数人都不富有，也并非生来就具备各种优越条件，很多人拥有特殊的兴趣，且难以忍受平静和规律的生活；能够有健康的身体的确幸运，但没有人会永葆健康；婚姻也并非一定是幸福的来源。这种种原因，使得幸福并非天赐，而是必须努力追求的；不管内在还是外在的努力都相当重要。内在的努力包括一些必要的放弃，因此，现在我们只讨论外在的努力。

不管是男人还是女人，如果他需要工作来养活自己，那么努力的必要性毋庸置疑。的确，印度托钵僧只需要靠着信徒的施舍就可以过活，但在西方世界，一般人可不认为这是恰当的赚钱方式。同时，西方国家的气候条件也让这样的方式更不符合实际：在冬季，很少有人会懒惰到宁可在户外无所事事也不在有暖气的室内工作。因此，单纯地听天由命并不是西方人获取幸福的方式。

对于西方的大多数人来说，幸福不仅仅是满足温饱那么简单，因为他们还需要成就感。在某些职业，例如科学研究中，成就感的取得和收入的多寡并没有直接关系，但是在大部分的职业里，成就是用收入的多寡来衡量的。在这里，我们发现对大部分人而言，适当的听天由命的态度是可取的，因为在一个高度竞争的社会里，只有少数人能够获得显赫的成就。

而在婚姻方面，人们可能需要努力去经营婚姻，也可能不需要太费工夫，这视情况而定。当某种性别成为少数，像是英国的男性和澳大利亚的女性，该少数性别的成员不需要太努力就可以找到理想的对象。然而，性别较多的一方恰恰相反。如果女性较多，你可以在女性杂志的广告栏中看到她们的努力，而当男性较多时，他们会采取较迅捷的方式寻觅对象，比如使用左轮手枪。这是再自然不过了，因为大部分男性的性格都在文明和野蛮的分界线上徘徊。

难以想象，如果有某种针对性的瘟疫把英国的男性变成多数的一方，他们会怎么做，他们可能开始培养远古时代的男人才有的英勇。

没人会否认将孩子成功地养大很费工夫。那些信奉听天由命并错误地将之称为"灵性"人生观的国家，婴儿的死亡率都很高。没有俗世的职业和对物质世界致力的能量及智慧，便成就不了医药、卫生、无菌环境及均衡的饮食；那些认为这些都是幻象的人，也对尘土有一样的看法，这样想只会导致孩子死亡。

讲得更浅白些，可能有人会说，在个人与生俱来的需求没有减弱的情况下，每个人自然且合理的目标，都是获取某种特殊的权力。根据个人生来的喜好，不同的人需要不同的权力。有的人想要掌控他人行为的权力，有的人想要掌控他人思想的权力，有的人则想要控制他人情绪的权力。有的人想要改变物质环境，有的人想要通过对知识的掌控而获得权力。每种公共的事务工作都包含着对某种权力的渴望，除非做这项工作的人仅仅是为了通过腐败获得财富。一个纯粹被利他主义驱动的人，因为人类的苦难而痛苦，如果他的受苦是真实的，他会想要拥有解除苦难的权力。只有对同伴无动于衷的人，才会对权力的需求无动于衷。因此，一个想建立优良社群的人，我们可以接受他为成就事业而产生对权力的需求。而任何一种形式的权力欲，都与努力相关，只要它还没有受挫。这个结论对于西方世界的价值观而言可能相当平常，但也有不少西方人在东方国家开始舍弃旧观念之时，反倒追求起所谓的"东方智慧"。他们也许会质疑我的论调，如果真是这样，那么我所主张的就更值得论述了。

然而，在追求幸福的过程中，听天由命的哲学也有其价值，而且其重要性不输努力奋进的哲学。一个聪明的人不会在能防患于未然时坐以待毙，也不会在无法避免的不幸上浪费时间和感情，而且，即便是能够避免的不幸，如果他在避免这不幸的过程中所耗费的时间和精力过多，以致阻碍他完成更重要的任务，他也可能放弃。很多人在略有差错时，就陷入烦恼或是愤怒，反而浪费了可以用在更必要处的精力。就算追求相当重要的目标时，也不应在情感上倾注太多，而让可能的失败威胁平静的心灵。基督教教导信徒服从上帝的意志，就算不接受这种说教的人，也可以在自己的活动中拥有类似的信念。完成任务的效率和我们投入的情绪是不成比例的，而事实上，情绪有时甚至会成为效率的阻碍。正确的态度应该是尽力而为，其他的则交给上天来决定。

听天由命有两种，一种源于绝望，另外一种源于不可战胜的希望。前者不好，后者是好的。一个惨遭挫败而放弃了希望的人，也许学到了绝望地听天由命，如果他真的这样做了，他就会放下所有的活动。他也许会用宗教用语来粉饰他的放弃，他也许会用"沉思是人类的真正归属"这样的话来遮掩，但无论使用哪种方式来遮掩内心的挫败，他都仍然不会快乐。因为不可战胜的希望而听天由命的人，他的行为则完全不同。不可战胜的希望必然是巨大且非个人化的。如果是个人活动，我可能会被死亡或某种疾病打败，可能会被我的敌人击垮，也有可能，我到最后才发现自己走偏了，离成功越来越远。有千万种理由让纯粹个人的希望走向无可避免的失败。但如果个人的目标是人类更大目标的一部分，那么就没有任何挫败可以真正击倒一个人。那些想要在科学上有新发现的人，可能在为个人目的的努力上遭受失败，或者因为头脑受伤而必须放弃；但如果他真诚地希望科学研究有所进展，而不仅仅是关心个人对这个领域的贡献，他就不会像只为个人目的而从事研究的人那样，在失败时感到绝望。那些献身于社会改革的工作者，也许会因为战争而让事业全面停摆，也或许会终于明白在有生之年他冀望的改变都不会发生；但如果他关心的是人类全体的未来，而不斤斤计较于一己的参与，那么他就不需要因为上述的认知而陷入彻底的绝望。

在上述的例子中，放弃都是相当困难的。不过在很多其他的情形下，放弃其实简单得多。在这些情形中，只有次要的目标遭受检验，生命主要的目标仍然有成功的前景。举例来说，一个从事重要工作却被婚姻生活的不愉快扰乱心思的人，就是因为没有习得放弃的要义；如果他的工作需要全神贯注，他就应该把婚姻生活的不愉快看作雨天，也就是把它当作不值一提的麻烦事，只有笨蛋才会认真看待雨天。

很多人对生命中琐碎的麻烦事缺乏耐性，如果我们任凭其摆布，这些麻烦事会占据大部分的生命。错过火车便暴跳如雷；晚餐没有煮好就火冒三丈；烟囱开始冒烟就陷入绝望；洗衣店没把衣物送回就诅咒整个洗衣工业。这些人在小事上浪费的能量，如果好好运用，或许足以摧毁或是创建一个帝国。把心思放在大事上的人，不会刻意注意清洁人员没扫掉的灰尘，厨师没煮熟的马铃薯，或者打扫人员漏过的煤灰。我并不是说在时间允许的情况下，他也依然要对这些情况无动于衷，我想说的是，他不会在这些状况上耗费心神。忧心、烦恼、愤怒都不是有用的情绪。拥有这些情绪的人也许会说他们没有办法克服这些情绪，而我也不确定如果缺乏前文所提及的基本的放弃能力，他们是否能够克服。当一个人可以忍受工作上的失败或不愉快的婚姻，他便能聚集己身之外的希望，也可在错过火车或不小心将伞掉到烂泥中时保持耐心。如果他暴躁的本性难改，我还真不确定有什么方式能治愈他。

那些从烦恼王国中挣脱的人，会发现生活比他以前总是为小事烦心时更有意思。之前友人让他想要发狂尖叫的特质，现在他只觉得有趣。当某人重复火地岛的主教轶事第三百四十七次的时候，他因为自己竟然知道这个故事被重复的次数莞尔，也不再认为他需要用某个捏造的轶事来转移话题。当他早上匆匆忙忙赶火车时鞋带断了，在几句合理的咒骂之后，他便想到在无垠宇宙中这件事根本就微不足道。在正准备向爱人求婚的当儿，却被讨厌的邻居打断，他想到除了亚当以外，每个人都有可能遇上这样的不顺，况且亚当也有他自己的烦恼。有太多的方式可以让人运用古怪的类比和有趣的譬喻从小小的不幸中得到一些抚慰。我认为文明世界的男女都对自己的形象有所假设，当这个形象被扭曲或干扰，他们就会感到不耐烦。而最好的治疗方式，就是不能只有单一的形象，而是得有很多种形象，然后在适当的场合选择适当的形象。逗趣的形象再好不过了，因为长时间维持悲剧的英雄形象是相当不智的。我可不是建议大家视自己为丑角，真这样做的人其实会让人反胃。每个人都该有些分寸，才能在不同的情况下选择适当的角色。当然，如果你相当忘我，完全不需要扮演也会令人钦佩，但是如果你已经习惯扮演，那么你要记得，你是在一出大戏剧而非专属个人的独角戏中演出。

很多活跃的人认为，即便极小的放弃或是少许的幽默都会摧毁他们工作的能量，同时也会毁灭他们赖以成功的决心。我认为这些人错了，那种值得做的工作，就算不刻意欺骗自己工作的重要性，或者是工作的难易度的人，还是会顺利完成工作。那些需要靠欺骗自己才能够工作的人，最好在继续他们的事业之前，先学习怎么面对真相，因为需要靠神秘的力量才能维持的现象，迟早都会从有益的变成有害的。宁愿什么都不做，也不要做任何具有伤害性的事。花少量的时间来认知事实，一点都不是浪费时间，在了解真相的基础上所完成的工作，不会像那些倚赖持续自我膨胀来刺激工作能量的人所完成的工作那般具有伤害性。

面对事实在开始的时候也许会让人感到痛苦，但它却会提供终极的保护——且是唯一可能的保护——使你免于自我欺骗迟早会面临的失望和幻灭。长远来看，没有什么比每天耗费能量去相信逐渐不可信的事情更加累人的了。这样的放弃是得到稳固而持久的幸福不可或缺的条件。

真理并不总是有趣，而很多人相信一件事情只是因为它有趣，尽管这件事在其他方面找不到佐证。中庸之道就是这样，它虽然并不是有趣的道理，却在很多事情上呈现它的价值。

适当的听天由命的态度是可取的，因为在一个高度竞争的社会里，只有少数人能够获得显赫的成就。

完成任务的效率和我们投入的情绪是不成比例的，而事实上，情绪有时甚至会成为效率的阻碍。正确的态度应该是尽力而为，其他的则交给上天来决定。

如果个人的目标是人类更大目标的一部分，那么就没有任何挫败可以真正击倒一个人。

幸福的人

> 幸福的人是那些活得客观的人，他有自由的情感和广泛的兴趣，能从这些情感和兴趣当中获取快乐，也让自己变成他人感兴趣并倾注情感的对象。

　　显然，幸福部分取决于外在环境，部分取决于自己。我在本书中花了很大的篇幅讨论取决于自己的部分，而且在这方面得到的结论是，获得幸福的办法其实很简单。很多人（包括第二章提及的克鲁齐先生）都认为，如果没有某种或多或少的宗教信仰，就不可能拥有幸福。很多不幸福的人认为，他们的悲伤有复杂而高知性的来源。我并不认为这些是幸福或不幸福的成因，我认为它们只是表象罢了。不幸福的人当然会相信不幸福的信条，而幸福的人则采纳幸福的信条。人们都将自己的幸福或不幸福归诸信仰，但是真正的因果关系是倒过来的。

　　对大部分的人而言，要获得幸福，有些事情是不可或缺的，且这些事情看上去都很简单：食物、住所、健康、爱、成功的工作，以及同伴的尊敬。对有些人来说，能够做父母对于幸福的满足也很重要。如果这些条件都不存在，那就只有很另类的人才能够幸福。但是当这些条件存在或能经由可执行的步骤取得，却还是觉得不幸福的人，必定有某种心理失调，严重的话需要心理医生的帮助。若是情况普通，则可以靠本身的力量来疏解，只要知道正确的处理方式。

当外在环境不是特别不幸，只要个人的兴致和兴趣向外发展而不是向内沉溺，应该就可以获得幸福。因此我们应该努力在教育及诸多尝试上让自己和世界同步，避开以自我为中心的欲望，也避免总是将思想灌注在自我的感情和兴趣上。一个身陷牢笼的人，通常不会幸福，而那些将自我封闭的激情即是最坏的牢笼。在诸多此类的激情中，常见的有恐惧、嫉妒、罪恶感、自怜及自恋。在这诸多情绪中，我们的需求集中在自我本身，对于外界并不真正感兴趣，唯恐外界对自我可能造成伤害，或者无法满足自我的需要。

恐惧是人们不敢面对真相而焦虑地把自己包裹在温暖大衣里的主要原因。但是荆棘会把这温暖的衣裳划破，当冷风袭来，习惯温暖的人受到的伤害会比在冷风中练就强健体魄的人还大。再说，自我欺骗的人通常在心底深处是明白的，因此总是处在担忧的状态下，生怕难以应付的事件会迫使他们面对自己不想面对的事实。

以自我为中心的激情有一个很大的缺陷：无法提供生命的多样性。当然，你不能用情感混乱来指责一个只爱自己的人，但是他注定会因为自己关注的事物太过单调而难以忍受无聊。那些有深度罪恶感的人，也是受害于某种特殊的自恋。在无垠的宇宙中，对他最重要的事情，是他必须成为品格高尚的人。传统宗教的重大缺陷即是鼓励这样的自我陷溺。

幸福的人是那些活得客观的人，他有自由的情感和广泛的兴趣，能从这些情感和兴趣当中获取快乐，也让自己变成他人感兴趣并倾注情感的对象。能得到别人的喜爱是幸福的强大来源，但是一个要求被爱的人，不一定是他人愿意给予情感的对象。广义来说，被爱的人通常是懂得爱人的人。但尝试用某种公式来计算情感是无用的，这不像是借钱给人以获取利息，因为情感经过计算后就变得不真实，受者也不会感到真心被爱。

那身陷自我牢笼而不幸福的人该怎么做呢？他只要持

续地思考不幸福的原因，就会持续地以自我为中心，<u>无法摆脱这种恶性循环</u>。他如果想要跳出这个循环，就必须要有真正的兴趣，而不是仅仅为了寻找药方而假装对某些事情感兴趣。虽然这样做的困难度相当高，但只要正确地诊断自我的问题，可以努力的方式相当多。

举例来说，如果他的问题是因为存在于意识或无意识之中的罪恶感，他可以先说服自己没有理由感到罪恶，然后以前面章节提到的技巧将合理的信念植入无意识中，同时去从事一些不相干的活动。只要成功地驱散了罪恶感，就很可能找到对外界事物真正的兴趣。如果他的问题是自怜，那么他得说服自己，身处的环境中并没有什么大不了的不幸，之后可以用同样的技巧来缓解自怜。如果他的问题是恐惧，那么他应该练习培养勇气的活动。战场上的英勇自古以来被视为重要的美德，对男性的大部分训练都致力于培养他们在战场上无惧的性格。但是没什么人研究道德勇气和知性勇气，然而，锻炼这些勇气也是有技巧的。让自己每天都承认一件痛苦的事实，你会发现这样的举动和童子军的日行一善一样有用。告诉自己就算你在道德和智慧上没有大幅度地超越你的朋友，你的生命还是有其价值的。持续这样的练习，几年下来能让你勇于承认事实，同时也会将你从巨大的恐惧中解放出来。

当你克服了自我陷溺的毛病之后，兴趣即是你的天性和外在环境自然而然互动之后的结果。不要提早对自己说，"如果专注在集邮上，我就可以得到快乐"，然后开始努力搜集邮票。这样做很容易让你对集邮失去兴趣。只有真实的兴趣才对你有益，一旦你学着不陷溺于自我，真实的兴趣马上就会出现。

幸福的人生可以说是美好的人生。道德家过分地强调自我克制，这是不明智的。意识层面的自我克制只会让人自我陷溺，也时时刻刻叨念着自我的牺牲，如此一来，自我克制不但无法让人达成短期目标，也无法让人完成终极目标。我们需要的不是自我克制，而是向外的兴趣，它们能产生自发的、不做作的行为，而过于执着于追求美德的人，只有通过有意识的自我克制才能做出这样的行为。

看起来，我是以享乐主义者的身份来撰写这本书，也就是说，我认为快乐是件好事，但其实享乐主义者建议的行为和道德家建议的行为并无差别。然而，也许以下论调不完全正确，但道德家通常倾向于强调行为正确，而不太论及心理状态。个人行为所造成的结果，会根据执行时的心态产生相当大的差异。如果你看到溺水的小孩，基于助人的冲动而救了他，你绝对不会在道德上有所缺失；但如果在看到小孩溺水时你对自己说"救助无助者是一种美德，而我希望成为高尚的人，因此我应该救这个小孩"，那么在此之后，你其实是变成了一个更差劲的人。适用于这个极端例子里的道理，同样适用于很多其他较不明显的事件。

我的观点和传统道德家所倡议的人生态度，还有些许差异。举例来说，传统的道德家会告诉你，爱是无私的。在某种意义上，传统道德家的话是正确的，也就是说，爱的自私不应该超过某个限度；但是，爱也必然具有自私的性质，因为它跟个人的幸福息息相关。如果一个男人准备向一个女人求婚，他热切地希望她能够幸福，同时认为她会给自己提供一个自我克制的绝佳机会，我想她是否会真正满意还是未知数。当然，我们都希望我们所爱的人能够幸福，但是并不是用我们的幸福来换。

事实上，一旦我们对自身之外的人或事物真正感兴趣，所有自我克制的学说提及的自我和外在世界的对立就会马上消失。经由这样的兴趣，个人能够感觉自己是生命长河的一部分，而不是像撞球一样独立的个体，只有在碰撞的时候才能跟其他个体有交集。

所有的不幸福都源于分裂或者不和谐，意识和无意识的缺乏协调导致自我的分裂，而自我和社会之间，也因为没有客观的兴趣和情感的力量将两者结合在一起，而缺乏联结。一个幸福的人，就是无须承受上述两种痛苦的人，这个人的个性既不分裂，也不和社会对立。这样的人认为自己是宇宙的子民，自由地享受宇宙提供的奇观和乐趣，不为死亡的念头所困扰，因为他不觉得自己和后继者毫无联系。在人与生命长河浑然天成的深邃联结之中，一个人能找到最大的幸福。

很多不幸福的人认为，他们的悲伤有复杂而高知性的来源。我并不认为这些是幸福或不幸福的成因，我认为它们只是表象罢了。不幸福的人当然会相信不幸福的信条，而幸福的人则采纳幸福的信条。人们都将自己的幸福或不幸福归诸信仰，但是真正的因果关系是倒过来的。

我们应该努力在教育及诸多尝试上让自己和世界同步，避开以自我为中心的欲望，也避免总是将思想灌注在自我的感情和兴趣上。

所有的不幸福都源于分裂或者不和谐，意识和无意识的缺乏协调导致自我的分裂，而自我和社会之间，也因为没有客观的兴趣和情感的力量将两者结合在一起，而缺乏联结。

在人与生命长河浑然天成的深邃联结之中，一个人能找到最大的幸福。

图书在版编目（CIP）数据

幸福之路 /（英）伯特兰·罗素
（Bertrand Russell）著；易思婷译. — 长沙：湖南人
民出版社，2021.5
ISBN 978-7-5561-2380-3

Ⅰ.①幸… Ⅱ.①伯… ②易… Ⅲ.①幸福-通俗读
物 Ⅳ.①B82-49

中国版本图书馆CIP数据核字（2021）第048202号

幸 福 之 路
XINGFU ZHI LU
［英］伯特兰·罗素 著 易思婷 译

出 品 人　陈 垦
出 品 方　中南出版传媒集团股份有限公司
　　　　　上海浦睿文化传播有限公司
　　　　　上海市巨鹿路417号705室（200020）
责任编辑　曾诗玉
装帧设计　祝小慧
责任印制　王 磊
出版发行　湖南人民出版社
　　　　　长沙市营盘东路3号（410005）
网　　址　www.hnppp.com
经　　销　湖南省新华书店
印　　刷　深圳市福圣印刷有限公司

开本：880mm×1230mm　1/32　　印张：7.25　字数：116千字
版次：2021年5月第1版　　　　　印次：2023年4月第4次印刷
书号：ISBN 978-7-5561-2380-3　　定价：49.00元

浦睿文化
INSIGHT MEDIA

出 品 人：陈　垦
出版统筹：戴　涛
监　　制：余　西　仲召明
策划编辑：廖玉笛
装帧设计：祝小慧

欢迎出版合作，请邮件联系：insight@prshanghai.com
新浪微博 @浦睿文化